RECUPERANDO
LAS RAÍCES

RECUPERANDO LAS RAÍCES

De la Misión a la Función, de la Función a la Mejora Continua

JOSE ENRIQUE SUAREZ Y TORIELLO

RECUPERANDO LAS RAÍCES
DE LA MISIÓN A LA FUNCIÓN, DE LA
FUNCIÓN A LA MEJORA CONTINUA

Puede hacer pedidos de libros de iUniverse en librerías o poniéndose en contacto con:

iUniverse
1663 Liberty Drive
Bloomington, IN 47403
www.iuniverse.com
1-800-Authors (1-800-288-4677)

Debido a la naturaleza dinámica de Internet, cualquier dirección web o enlace contenido en este libro puede haber cambiado desde su publicación y puede que ya no sea válido. Las opiniones expresadas en esta obra son exclusivamente del autor y no reflejan necesariamente las opiniones del editor quien, por este medio, renuncia a cualquier responsabilidad sobre ellas.

Las personas que aparecen en las imágenes de archivo proporcionadas por Getty Images son modelos. Este tipo de imágenes se utilizan únicamente con fines ilustrativos. Ciertas imágenes de archivo © Getty Images.

Santa Biblia, NUEVA VERSIÓN INTERNACIONAL® NVI® © 1999, 2015 por Biblica, Inc.®, Inc.® Usado con permiso de Biblica, Inc.® Reservados todos los derechos en todo el mundo. Used by permission. All rights reserved worldwide.

ISBN: 978-1-5320-6168-4 (tapa blanda)
ISBN: 978-1-5320-6169-1 (libro electrónico)

Numero de la Libreria del Congreso: 2018913565

Información sobre impresión disponible en la última página.

Fecha de revisión de iUniverse: 11/14/2018

RECONOCIMIENTO

Con este libro deseo reconocer a todos los autores(as), maestros(as) y compañeros(as) quienes, con sus aportaciones, han contribuido a la mejora de la capacidad gerencial y al refinamiento del proceso administrativo, para hacer de éste, un proceso más eficiente, más eficaz y de mayor calidad.

De manera muy especial, quiero reconocer a todas las personas con las que he tenido el privilegio de sostener un sin número de intercambios profesionales en el curso de mi vida y hacerles saber que, Ustedes, han contribuido, con su conocimiento y su invaluable experiencia, a mi desarrollo individual y profesional, hecho que aprecio muchísimo de todos(as) y cada uno de Ustedes. Al mismo tiempo, deseo agradecerles su disposición y apertura ya que, con ello, continúan apoyando al cumplimiento de la responsabilidad que tenemos como servidores sociales.

A cada uno, quiero decirles que las semillas que plantaron en mi persona, han florecido y han dado frutos, que han contribuido a enriquecer mi visión, la cual la he construido a partir del conocimiento mismo que ha sido abonado por la experiencia cosechada.

Por último, extiendo mi reconocimiento a todas las personas que participan activamente en la sociedad civil organizada trabajando por la búsqueda del bienestar común y de la equidad social.
A ellas, mi más profundo y sentido respeto.

"La sociedad civil está abriendo todo un nuevo campo de fuerzas independientes. Está trabajando con la convicción, el talento, la creatividad y la libertad para crear modelos que solucionen los problemas sociales que satisfagan las necesidades colectivas y promuevan el desarrollo humano y social para que las personas y las familias tengan la oportunidad de mejorar la calidad de sus vidas"
María Guadalupe Arizpe y de la Maza (1936 - ...)

"Las personas que son realmente grandes te hacen sentir que tú también puedes serlo"
Mark Twain (1835 - 1910)

"No deberían existir límites para el empeño humano"
Stephen Hawking (1942 - ...)

"Nuestra batalla por la vida, la libertad, la equidad y el progreso es un viaje continuo, no un destino final"
María Guadalupe Arizpe y de la Maza (1936 - ...)

ÍNDICE

INTRODUCCIÓN

RECUPERANDO LAS RAÍCES ES un libro que aspira recobrar la esencia y estimular la práctica del proceso administrativo[1]. Lo escribo a partir de la referencia de tres de los productos que, considero, constituyen los objetivos sustantivos del referido proceso: *1) los resultados que se esperan de él, 2) el conocimiento que se genera como consecuencia del análisis y la reflexión del trabajo realizado y de los logros alcanzados y 3) la propuesta de mejora continua, fruto del conocimiento adquirido.* Esta última, la propuesta de mejora, se expresa a partir de una serie de conclusiones y recomendaciones emanadas del análisis y la reflexión del trabajo realizado y de los logros alcanzados, los cuales, al ser aplicadas al desarrollo del nuevo proceso, facilitan que éste se lleve a cabo de una manera más eficiente y que sus resultados se alcancen con mayor eficacia y calidad.

Dada su naturaleza, la mejora continua tiene un momento en donde inicia con la incorporación de las recomendaciones de mejora al nuevo ciclo del proyecto, otro intermedio de implementación, el cual concluye con el análisis y la reflexión de los logros alcanzados y, un momento

---

[1]   Henry Fayol (1841–1925), padre de la administración clásica. y Frederick Winslow Taylor (1856–1915), padre de la administración científica. La administración se define como el conjunto de actividades que permite al esfuerzo individual (o colectivo), desarrollarse en forma coordinada y armónica con el propósito de lograr un objetivo común.

final caracterizado por la generación del nuevo conocimiento en el que se sustentan las recomendaciones para el inicio del nuevo ciclo del proyecto. Este momento final, es el momento culminante del ciclo de la mejora continua.

La experiencia que se va adquiriendo a través de esta forma sistemática de proceder, hace que la ejecución de cada nuevo ciclo, a la vez de que cada vez que se implementa se vuelve más fácil de ejecutar, se vaya tornando, con el tiempo, intelectualmente más exigente y por consiguiente, más estimulante aquel que lo realiza, ya que establecer el proceso de mejora continua, lleva el reto de descubrir aquellos elementos que contribuyen a la refinación del proceso, para que mediante su incorporación a la nueva fase del proyecto, se logren excelentes resultados.

Al respecto, la mejora continua desde el punto de vista intelectual, es un proceso muy estimulante dado que su ejecución demanda del desarrollo del pensamiento creativo, mismo que surge de la exigencia intelectual que propone esta particular práctica. Esta forma de trabajo creativo, termina con la fastidiosa rutina que hace que los proyectos pierdan, con el tiempo, su sentido y su razón de ser.

"Lo que ahora no alcanza la perfección, la alcanzará en un intento posterior o reiterado; nada de lo que abrazó la historia es pasajero, y a través de transformaciones innumerables renace de nuevo en formas siempre más ricas"
Georg Friedrich Philipp Freiherr von Hardenberg (1772 - 1801)

Este proceso es, por una parte, un proceso de crecimiento personal que exige a cada persona que participa en él, dar lo mejor de uno mismo y de su compromiso total y, por la otra, es un ejercicio de naturaleza participativa que facilita el establecimiento de un proceso de desarrollo grupal, que reclama de cada persona, su participación activa en la formación de un equipo que les permita trabajar juntos para alcanzar los objetivos del proyecto.

El desarrollo del proceso de integración grupal se gesta a partir de la aportación que cada uno de los miembros del grupo realiza al proyecto y se concreta a partir del cumplimiento cabal de sus funciones (individuales y grupales), del apoyo, la comunicación y la solidaridad, las relaciones interpersonales, así como de su participación activa en los procesos de análisis y reflexión del trabajo realizado y de los logros alcanzados.

Estas situaciones concretas contribuyen a la gestación del pensamiento grupal, al establecimiento de consensos y al reconocimiento común de logros. Es precisamente este tipo de conciencia, la que permite reconocer y apreciar los frutos del trabajo realizado, para hacerlos propios y producir en los participantes, el sentimiento de concebirse como corresponsables y como coautores de los mismos, creando una identidad propia, sembrando el sentido de pertenencia y facilitando el arraigo institucional.

El reconocimiento de los logros como propios y el sentido de apropiación produce en los participantes, un impacto positivo en la autoestima, en el desarrollo personal, grupal e institucional y en la creación de un sentimiento de identidad y arraigo organizacional. Estos sentimientos abren, por arte de magia, las puertas a una *nueva dimensión del ser*, creando una actitud individual y grupal que se manifiesta a través de la disposición, el compromiso, la motivación, la disciplina, la humildad, la responsabilidad, la entrega y la productividad.

A su vez, dicha actitud se manifiesta por la adopción de la *pasión creadora y transformadora* que facilita la *expresión del amor* en todas y en cada una de las acciones que se llevan a cabo ante los demás. Dicha conciencia contribuye a la construcción de un pacto colectivo, no escrito, que promueve el desarrollo de la capacidad individual de cada uno de sus integrantes, abonando a los intereses de la persona, del grupo y del proyecto.

"Juntarse es el principio, mantenerse juntos es el progreso, trabajar en equipo es el éxito"
Henry Ford (1873 - 1947)

La implementación del proceso administrativo y el de mejora continua, son procesos eminentemente participativos, en donde la rutina se deja de lado para dar paso, al surgimiento de actitudes propositivas, a la solidaridad, a la suma de esfuerzos y recursos, al desarrollo de conocimientos, capacidades y habilidades, a la generación de fuentes permanentes de motivación, las cuales se dan a partir del reconocimiento del trabajo realizado, de la intención de hacer mejor las cosas, de los logros alcanzados, del conocimiento y de la experiencia obtenida.

Deseo reiterar que el desarrollo personal que se alcanza a través de este tipo de prácticas, se extiende irremediablemente, al ejercicio de sus vidas personales, para trastocarlas y ofrecerles la oportunidad de ser mejores "seres humanos"

"La felicidad es interior, no exterior, por lo tanto, no depende de lo que tenemos, sino de lo que somos"
Pablo Neruda (1904 – 1973)

"El noventa por ciento de todos los que fallan, no están realmente derrotados; sencillamente se dan por vencidos".
Paul J. Meyer (1928 – 2009)

Uno de los motivos que me indujo a escribir este libro fue el observar y reconocer las debilidades más recurrentes a las que he enfrentado durante más de 40 años de vida profesional en la ejecución, supervisión y dirección de proyectos.

Entre éstas se destaca la falta de la aplicación sistemática de una serie de procesos que determinan el desarrollo óptimo de los proyectos como, el desconocimiento de la visión y de la misión institucional o, una percepción inadecuada de las mismas; el que los procesos de inducción institucional se realicen de manera parcial o simplemente no se lleven a cabo; el desconocimiento parcial o total del proyecto en donde trabajan; el desconocimiento del contexto en el que éste se desarrolla; la falta de claridad o la indefinición de las funciones que deben desempeñar en el cargo asignado; la presencia de dificultades reales en el personal de mayor jerarquía para delegar autoridad y responsabilidades en sus subalternos; la falta o inadecuada producción de la información útil para los procesos de toma de decisión, el análisis y la reflexión; la irregularidad o la falta de seguimiento, de supervisión y evaluación del proyecto que se lleva a cabo, así como, la prácticamente nula conformación de verdaderos equipos[2] de trabajo.

La falta de información, por ejemplo, dificulta que el personal pueda adoptar y hacer propia, la visión organizacional integral y sistémica; le impide también, observar y entender la relación entre el ejercicio de la función y la consecución de los objetivos y de ésta con el cumplimiento de la misión institucional; ver y apreciar el trabajo y los logros alcanzados, circunstancia que dificulta, a su vez, la toma de conciencia que enraíza a uno al proyecto y a la organización. La falta del elemento esencial para el análisis y la reflexión, imposibilita la generación de conocimiento, el desarrollo del sentido de identidad y de pertenencia y obstaculiza también, la posibilidad para conformar verdaderos equipos de trabajo. Debo reconocer que debilidades las observé al interior de la organización para la que trabajé y en cientos de organizaciones con las que he entrado en contacto a través de mi vida profesional.

> *"Puedes diseñar y crear, puedes construir el lugar más maravilloso del mundo, pero necesitas gente para hacer el sueño una realidad"*
> **Walt Disney (1901 – 1966)**

A manera de excusa a lo recién expresado, puedo compartir con Ustedes el muy usado refrán popular que empleamos para evadir o deslindar las responsabilidades que nos corresponden: "mal de muchos, consuelo de tontos", sin embargo, créanme que esta "justificación" anula por completo la posibilidad de la creatividad, del deseo de superación y de la intención intrínseca de desear y anhelar ser mejores y poder cumplir nuestra razón de ser, al ofrecer lo mejor de nosotros mismos.

Así, la falta de capacidad, de interés, de disposición y del compromiso necesario para hacer las cosas de la mejor manera posible, constituyen un gran obstáculo para generar conocimiento, hacer conclusiones y establecer recomendaciones que obren, de manera directa, en la mejora

---

[2]   Grupo de personas organizado para realizar una tarea determinada. Pluralidad de personas que forman un conjunto y que actúan en armonía. Trabajo de equipo: La acción combinada de un grupo de personas, especialmente cuando son eficientes y efectivas. Edición Tricentenario; New Oxford American Dictionary

del proyecto. De manera paralela y ante la falta de información se inhabilitan también, los procesos de desarrollo personal, grupal y organizacional, el proceso creativo de análisis y reflexión, la gestación del maravilloso pensamiento grupal y la generación de conocimiento.

Con esto, deseo trasmitirles que no basta contar con un excelente plan de trabajo, que tampoco basta con "pensar o creer" que la ejecución del plan que se está llevando bien, que de nada sirve que entreguemos resultados que pueden llegar a considerarse como "buenos" si no nos damos el tiempo necesario para registrarlos, sustentarlos, reconocerlos, apreciarlos, sentirlos como resultado de nuestro esfuerzo y tener la capacidad para aprender de ellos.

Si faltan cualquiera de los elementos mencionados en el contexto de un proyecto, puede llegar a ser tan trascendentes en la vida de una organización a grado tal de que las posibilidades de que éste se vea destinado a desaparecer aumentan de manera considerable, una vez que concluya su financiamiento.

El personal que trabaja en las organizaciones de la sociedad civil y que por la naturaleza de su trabajo tienen como objetivo desarrollar proyectos eficientes y efectivos que se orienten a la *generación del bien común*, aun y cuando éste se busque por diferentes caminos, nos obliga, moralmente, a que todas las personas que trabajamos en las OSC's, asumamos como propia, la enorme responsabilidad de hacer el mejor uso de los recursos de que disponemos para contribuir al logro de la misión, los objetivos y la filosofía que fundamenta la razón de ser de las organizaciones sociales que representamos.

De esta forma con este libro, les presento mi intención de compartir lo aprendido y mi deseo de motivarlos para que adopten, como sistema de trabajo en el seno de sus organizaciones de la sociedad civil, *la pasión creadora* que permita incorporar a sus proyectos, iniciativas que generen el pensamiento grupal y el conocimiento necesario que contribuya a la eficiencia, a la eficacia y a la calidad de los mismos. Un proyecto con dichas características y cualidades favorecerá la procuración del bien común, por lo que los invito para que asuman, *como aspiración*, el hecho de que todos los esfuerzos que lleven a cabo se orienten a disminuir la tremenda desigualdad que lacera a la mayor parte de las sociedades de México y del mundo.

"En realidad, casi no es necesario que hagamos el bien. Lo que hace falta es que dejemos de hacer el mal"
Isaac Asimov (1920 – 1992)

"Si asumes que no existe esperanza, entonces garantizas que no habrá esperanza. Si asumes que existe un instinto hacia la libertad, entonces existen oportunidades de cambiar las cosas"
Noam Chomsky (1928 - ...)

Es mi deber dejar claramente asentado que este libro lo construí con base en los conceptos que he aprendido de muchos autores, asesores y consultores; con sus ideas y propuestas compartidas y con aquellas otras, que forjé a partir de la propia experiencia, la cual fui enriqueciendo con las metodologías aprendidas a lo largo del camino, hasta hacerlas propias a través de la práctica sostenida durante más de cuatro décadas y media de estar planeando, dirigiendo, implementando, supervisando y evaluando proyectos.

"La experiencia es el(a) más brutal de los(as) maestros(as), aprendes, ¡sí que aprendes!"
C. S. Lewis (1898 – 1963)

Así y con absoluta humildad, pongo a su disposición este libro, el cual tiene por objeto presentar y proveer los elementos necesarios que les ayude a construir un proceso que tiene dos puntos de partida. Uno que se establece a partir de la misión de sus organizaciones para llegar hasta la definición de las funciones específicas de cada una de las personas que participan en un determinado proyecto y otro a partir de la inducción y del establecimiento de las funciones y que termina con la propuesta de la mejora continua, la cual debe ser sistematizada e institucionalizada.

"Somos lo que hacemos constantemente. La excelencia no es un acto, sino un hábito"
Aristóteles (384 a.C. – 322 a.C.)

Una vez que alguien adquiere los conocimientos básicos y se da la oportunidad de llevarlos a la práctica, comienza a consolidar su aprendizaje y a acumular la experiencia que le permita convertirse, mediante su propio esfuerzo y de manera casi espontánea, en una persona autodidacta[3].

"Creo firmemente que la única forma de educación que existe es la auto-educación"
Isaac Asimov (1920 – 1992)

En mi experiencia, aquellas cosas que surgen y se ponen en práctica gracias a la iniciativa de un equipo de trabajo, son las cosas que funcionan, que producen la cohesión de grupo y que adquieren la relevancia necesaria para llegar a tener el éxito deseado y la continuidad del proyecto, el cual estará regulado por su vigencia a través del tiempo.

"La misión espiritual de la educación es enseñar la comprensión entre las personas como condición y garante de la solidaridad intelectual y moral de la humanidad"
Edgar Morin (1921 - ...)

"Una espina de experiencia vale más que un bosque de advertencias"
James Russell Lowell (1891 – 1891)

"Con la realización de nuestro propio potencial y la confianza que tengamos en nuestra propia habilidad, uno puede construir un mundo mejor"
Dalai Lama (1935 - ...)

---

[3] Que se instruye o aprende por sí mismo y adquiere la capacidad para comunicar sus ideas y sus conocimientos, Edición Tricentenario, 2017.

CAPÍTULO UNO

EXIGENCIAS DEL PROCESO: CAMBIO Y LIDERAZGO

EL PROCESO DE LA misión a la mejora continua, pasando por la función exige, por su naturaleza, de un cambio y de alguien o algo que lidere dicho cambio, bien puede ser una persona y su razón de ser, bien puede ser una organización con su misión (su razón de ser) y la visión futuro-presente que se tenga de la organización. Creo firmemente, que el primer requisito para que el cambio se de es el amor, cambio que genera una disposición y la actitud necesaria para transitar en este proceso y para mantenernos en el camino. San Agustín, explica con gran claridad este concepto.

"Nadie puede amar una cosa por completo ignorada. Cuanto más se conoce, con tanto mayor empeño anhela el alma saber lo que resta. Todo amor del alma estudiosa no es amor de cosa ignorada y por ello suspira conocer lo que ignora"
San Agustín (354 d.C. – 430 d.C.)

El cambio, el Diccionario de la Lengua Española lo define como dejar una cosa o una situación, para tomar otra. Es también, convertir o mudar algo en otra cosa. Entre los sinónimos del cambio, encontramos el volverse diferente, el ajustarse, el adaptarse, el corregirse, el redefinirse, el transformarse y evolucionar.

El cambio nos da la actitud y la disposición, la mejora continua nos brinda la oportunidad de ser mejores y la sostenibilidad es aquello que asegura la continuidad del proceder tanto personal como organizacional. Estas constituyen las manifestaciones explícitas de una forma muy avanzada de desarrollo social que incluye el ejercicio de la democracia, la participación, la capacitación, la apertura, el trabajo de equipo, la ausencia de egoísmos, la suma de esfuerzos y recursos, la procuración de la equidad social y la imparcialidad. Son estos elementos los que nos permiten desarrollar la suficiencia y la independencia para establecer con el medio en donde nos encontramos inmersos, otro nivel de relación, una relación democrática, una relación de iguales en donde comenzamos a ser tomados en cuenta para establecer una relación de pares (de iguales) cuyo común de denominador, es la madurez tanto personal, como institucional e interinstitucional.

Cuando nos preguntamos ¿Quién Cambia?, por supuesto que primero cambia la persona, al cambiar esta, cambia su entorno inmediato (la familia, su grupo de amigos, el equipo de trabajo al que pertenece y el ambiente en donde se desarrolla), cambia la organización, cambia el grupo social de influencia y cambia también la sociedad.

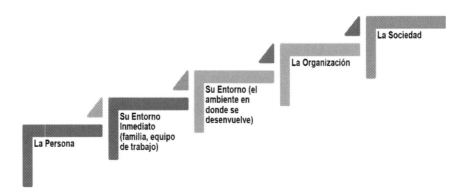

Aun y cuando el cambio se puede alcanzar por diferentes vías, en lo personal me gusta referirme, con propósito de cambio, a la implementación de un proceso originalmente propuesto por Paulo Freyre[4], mismo que se desarrolla a partir de la conciencia que se tiene de uno mismo o de la situación social que se desea modificar, conciencia que lleva irremediablemente a la acción a aquellos que verdaderamente han internalizado la actitud de la "conciencia social" y a la reflexión que se haga por los logros obtenidos, constituyendo un proceso de análisis que hace de la práctica una experiencia que genera conocimiento y que facilita también el pensamiento creativo. Dicho conocimiento, producto de la reflexión sobre las acciones llevadas a cabo, se suma al conocimiento previo, para establecer las recomendaciones necesarias que harán del nuevo proceso, uno mejor, con mayor eficiencia, eficacia y calidad. El ciclo descrito lo presento a continuación:

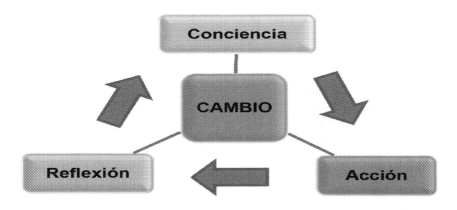

Sin embargo, es importante tener presente la opción de escoger entre seguir operando nuestros proyectos sociales como lo hemos estado haciendo hasta el momento u optamos por iniciar *un proceso de cambio* con la intención de lograr el desarrollo individual, grupal y social, la mejora continua y la sostenibilidad de las organizaciones para las que trabajamos. Aun y cuando la opción es la facultad o la libertad que tenemos para elegir o para optar por diferentes alternativas, debemos reconocer dos cosas que nos enseña la historia: 1) el cambio es inevitable

---

4   Freyre, Paulo. Educación como Practica de la Libertad, Chile, 1965

y 2) siempre tenemos la oportunidad de hacer mejor las cosas. La historia tambien nos muestra que solo las organizaciones que creen en el cambio y lo llevan a cabo de manera permanente, incluso de aquello que hacen bien, son las que *permanecen y tienen éxito*.

El cambio por otra parte requiere de un liderazgo con la capacidad y la disposición para mostrar el camino y guiar por él, a individuos, grupos y organizaciones. Cuando me refiero a un líder, este puede ser una persona, un grupo o incluso una organización que tenga además de la referida capacidad, la apertura necesaria para obtener la participación y el apoyo de otros.

Características del Liderazgo. Un líder (persona u organización) debe tener la *inteligencia* que le permita incluir la lógica, la comprensión, la generación de conocimiento, la capacidad de análisis y reflexión, así como desarrollar la habilidad para aplicar el conocimiento que surja como consecuencia de la reflexión de la práctica para que sea aplicado al establecimiento del ciclo de mejora continua y mejorar los resultados previamente obtenidos. También tiene la inteligencia para planificar, para facilitar la integración de las personas en equipos de trabajo y a través de su participación activa y propositiva establecer el pensamiento creativo que nos permite convertir los obstáculos en retos y éstos en oportunidades. Además, un líder debe tener capacidad de *ajuste*, es decir, tener la flexibilidad necesaria que le permita adaptarse a diversas situaciones y a entornos cambiantes, con una capacidad de respuesta rápida, eficiente y eficaz y también para desempeñar funciones distintas de aquellas para las que fue capacitado.

"Hacedor de Todo y Oficial de Nada"
Refrán Popular

Un líder debe ser capaz de mediar entre las partes discordantes de un conflicto dado, una actitud que le permita concentrarse, "al mismo tiempo", tanto en el *objeto externo* para poder valorar y apreciar a las personas y a su entorno, reconocer su participación y hacerlos participes de los logros obtenidos desarrollando en la práctica el concepto de la *"inteligencia apreciativa"*, entendida como la habilidad de concentrarse en sus propios procesos, en sus sentimientos, en sus pensamientos, tener la mirada interior que se dirige a los propios actos o estados de ánimo, interesándose siempre por lo que sucede en su *mundo interior* y como es que este puede afectar al mundo que lo rodea.

Un líder debe tener la conciencia que ésta ha sido expandida mediante la generación y el acervo del conocimiento, observando siempre su cuidado y vigilando las formas en que dicho conocimiento es utilizado. Una conciencia que lleva el propósito del deseo de hacer bien las cosas y de tomar con la seriedad suficiente, la participación y las responsabilidades de los demás.

El líder desarrolla un *liderazgo participativo e incluyente* conduciendo de manera fluida y ágil al equipo de trabajo para que se obtengan los resultados esperados, valorando y apreciando las capacidades, habilidades y fortalezas tanto de él, como del equipo de trabajo el cual se desempeña con la mayor *eficiencia* y la mayor *eficacia* posible. Además, su conocimiento y experiencia le permiten definir y ejecutar los cursos de acción necesarios para tratar de *manera anticipada* las diferentes situaciones que se presentan en el curso de sus acciones.

CAPÍTULO DOS

EL PRINCIPIO BÁSICO Y RECTOR DE TODOS LOS PROCESOS

"Es difícil tener principios en estos tiempos en que la nada pretende ser algo y lo vacío pretende estar lleno"
Confucio (571 a.C. – 479 a.C.)

EN EL DEVENIR PROFESIONAL, frecuentemente nos encontramos de manera recurrente con innovaciones que, si nos diéramos la oportunidad de observarlas con atención, nos daríamos cuenta que representan, en su esencia, cosas que ya existían a las que solo se les ha re-etiquetado con un nombre diferente o que han sido mejoradas sin perder la esencia de su origen y de su propósito. Por otra parte, en el mismo sentido, cuando nos atrevemos conscientemente a emplear de manera cotidiana términos o conceptos que ya han caído en desuso y que se consideran, por consecuencia, "conceptos obsoletos", las personas que nos escuchan o nos leen, nos hacen ver y sentir que lo que estamos enunciando, son conceptos que ya están pasados de moda, que han perdido su vigencia, que pertenecen a otra época por lo que ya dejaron de ser "útiles" y de tener aplicación para la "época actual".

> *"Si no somos corresponsables del pasado, tampoco tendremos derecho a reclamarnos legítimos propietarios del futuro"*
> **Fernando Sabater (1947– ...)**

Sin embargo, creo que es importante dejar claro que los conceptos que vamos descubriendo y aprendiendo a lo largo de nuestro camino, tienen diferentes edades: unos son verdaderamente novedosos, otros que permanecen vigentes a pesar de que tienen décadas, siglos y hasta milenios de existencia y otros más, que ya existían, son presentados en la actualidad con un nombre diferente para darles el carácter de "novedosos o innovadores" e incluso hasta mercadológicamente "más aceptables".

Muchas veces, los nuevos nombres que aparecen en diversas disciplinas, pretenden otorgar una nueva identidad a aquello que se propone como innovador, descartando el nombre que ostentaba, basados en los razonamientos previamente descritos. Ante dichas circunstancias, las preguntas que nos debemos hacer son: ¿Las cosas que nos encontramos o nos comparten, son verdaderamente novedosas a tal grado tal que podemos remplazar las teorías, los conceptos o las hipótesis previas?, ¿Es la misma cosa con otro nombre?, ¿Es la misma cosa, pero "mejorada"? Si usar nombres que fueron descritos y utilizados en décadas pasadas, tales como proceso, mejora continua o proceso administrativo pudieran llegar a desmerecer el contenido de este libro bajo el prejuicio de que esos términos son antiguos, pudiendo llegar a dejar de despertar en los lectores el interés que uno desearía y/o a descalificar el contenido del mismo, con el respeto que me merecen, les reitero que mi intención, independientemente de las consecuencias que conlleve, es continuar empleándolos en este libro de manera consciente e intencional.

Hago esto, ya que, desde mi experiencia personal, tengo muy claro que los conceptos que presento y describo en este libro, continúan siendo totalmente vigentes y conservan una muy merecida relevancia, al presentarse como alternativas sólidas, simples y prácticas que se encuentran al alcance de todas las personas que deseen solucionar, con paciencia y trabajo, muchos de los problemas a los que se enfrentan las organizaciones de la sociedad civil del siglo XXI.

"Nuestra manera de pensar es intemporal, redoblada con una visión vigilante sobre el futuro. Eso nos ha dado nuestra posición y longevidad."
Philippe Starck (1949 - ...)

Por lo anterior, a título personal tengo la costumbre, o al menos eso intento, de llamar a las cosas por su nombre. Por lo mismo, recurro constantemente al diccionario para conocer el significado de las palabras que empleo, lo que me permite transmitir conceptos cuyo significado sea comprendido por todos aquellos(as) que me lleguen a leer o a escuchar evitando interpretaciones que pudieran desviarse del significado del concepto que deseo comunicar o incluso hasta prevenir con antelación su descalificación.

Congruente con lo anterior, me resisto de manera consciente a entrar en el "juego de los nuevos términos y los nuevos conceptos", sólo con la intención de que las personas a las que me dirijo, me perciban como alguien que se encuentra "vigente" para qué me presten la debida atención al "darles" la certeza de que lo que estoy manifestando no sólo es importante, sino que es, además, "lo más actualizado".

Por los motivos expresados he decidido mantener mi postura de llamar a las cosas por su nombre en un intento de *recuperar las raíces* para volver a ellas, reconocerlas y no olvidarlas, evitando dejar de usar palabras o conceptos que nadie o que pocos entienden y que son expresados con el único propósito de crear diferencias.

Sin embargo, esta postura que adopto y expreso, no quiere decir que no me encuentre abierto al cambio, todo lo contrario, es precisamente esta posición y conciencia, la que me permite observar las cosas, aprender de ellas, descubrir aquellas que son verdaderamente novedosas y abrirme al cambio con una total y sincera disposición para incluirlas a mi acervo conceptual.

"El principio de la sabiduría es llamar a las cosas por su nombre"
Confucio (571 a.C. – 479 a.C.)

Desde mi experiencia personal y, por tanto, desde mi perspectiva, el proceso rector de cualquier tipo de gestión se encuentra normado por los seis pasos fundamentales que integrados, conforman el proceso administrativo:

*Planeación → Organización → Dirección →
Ejecución → Control → Evaluación*

Éste, complementado con la información que generan los mecanismos de control (seguimiento y supervisión) y de evaluación, permiten darle continuidad al proceso mediante de una serie de pasos que deben ser implementados con el propósito de darle significado a los resultados del proceso y descubrir cómo es que estos se pueden mejorar para qué, a partir del conocimiento adquirido, que se hace tangible a través de la propuesta de una serie de recomendaciones encaminadas a la mejora del proyecto o de la gestión, una vez que se reinicie el nuevo ciclo:

*Conocimiento→ Acción→ Análisis y Reflexión→
Conocimiento→ Conclusiones→ Recomendaciones→ Mejora
Continua→ Planeación del Nuevo Ciclo→ Acción…*

La administración es el conjunto de actividades que permite al esfuerzo colectivo de los individuos desarrollarse en forma coordinada y armónica con el propósito de lograr un objetivo común. Tomando en consideración este objetivo central, el proceso administrativo debería ser aplicado, en el caso de las Organizaciones de la Sociedad Civil (OSC), para facilitar el logro de la misión y los objetivos institucionales produciendo la mayor cantidad de bienes y servicios posibles, con la mejor calidad, con la más alta eficiencia y eficacia. El proceso administrativo incluye varias condiciones que se dan en el contexto de una organización que tiene una misión, visión, objetivos y filosofía definidas, que planea un proyecto que tiene como requisito fundamental que éste aporte a la misión y a los objetivos institucionales, que reconoce la existencia en el ambiente en donde se va a implementar y aquellos elementos que justifican plenamente la intervención propuesta.

A partir de dichas premisas, se proponen una serie de objetivos hacia los cuales debe ser enfocado el proceso administrativo, ya que el proyecto que será implementado debe incluir una serie de actividades dirigidas, organizadas, participativas y coordinadas que faciliten la suma esfuerzos y recursos. Así, la serie de actividades llevadas a cabo para cumplir con los objetivos que plantea el proyecto deben ser registradas, supervisadas y evaluadas, tres acciones fundamentales que permitirán el análisis, la reflexión y la generación del conocimiento necesario que dé pie al establecimiento de las recomendaciones que faciliten la implementación del proceso de mejora continua. Lo anterior tiene como propósito fundamental la consecución de los objetivos (del proyecto) con eficiencia, eficacia, en tiempo, con un excelente control de costos, con alta productividad y con la mejor calidad posible.

Aun y cuando las ideas[5] y los pensamientos[6] se manifiestan como un todo en la mente, la forma en la que el ser humano las expresa y manifiesta, es en forma lineal, es decir, palabra por palabra. De la misma forma, cuando se explican las diversas fases que integran el proceso administrativo, estas se presentan de manera lineal. Si no tenemos el debido cuidado, la representación lineal del todo puede producir la pérdida de la visión integral, sistémica, interdependiente, dinámica y práctica del proceso administrativo.

Cuando se deja de llevar a cabo el seguimiento y la supervisión de un proyecto, generalmente se llega a perder el sentido, la misión, la visión y los objetivos del proyecto mismo. Por esto, los mecanismos de control del proyecto (seguimiento y supervisión), son indispensables ya que permiten la toma de conciencia del desarrollo del proyecto durante su fase

---

[5]   Diccionario de la Lengua Española: Representación de una cosa en la mente. Conocimiento puro, racional, debido a las naturales condiciones del entendimiento humano. Se limita al simple conocimiento de algo, Edición Tricentenario, 2016.

[6]   *Op. Cit.*: Capacidad de pensar. Facultad de formar, comparar, combinar y estudiar las ideas o juicios en la mente.

de implementación; el establecimiento de su continuidad; la realización de las modificaciones que sean pertinentes; la implementación de otras estrategias que mejoren la ejecución del proyecto; asegurar el uso eficiente y efectivo de los recursos humanos, materiales y económicos y producir el conocimiento necesario mediante el análisis y la reflexión de los avances del proyecto, para dar, finalmente, inicio a la priorización de la incorporación y sistematización[7] de las mejores prácticas que favorezcan el éxito del mismo.

De hecho, la planeación inicial de un proyecto constituye su punto de partida, es un marco de referencia que permite la organización, focalización y la dirección de los recursos necesarios (humanos, materiales y económicos) para su implementación, el cuál puede ser sostenido, modificado, o descartado en cualquier momento durante el desarrollo de un proyecto.

"No planear es planificar el fracaso"
Alan Lakein (1938 - …)

La planeación resulta de la investigación, del análisis y la reflexión y, como tal, es también un proceso continuo que permite definir y encauzar de manera eficiente y eficaz el curso de las acciones consideradas en el contexto de un proyecto.

"Lo que vemos cambia lo que sabemos, lo que sabemos cambia lo que vemos"
Jean Piaget (1896 - 1980)

También, la representación lineal del proceso administrativo puede descontextualizar la fase de evaluación[8] de las demás etapas del proceso administrativo, ya que éste la ubica, linealmente, en la etapa final del proceso, no porque ésta debe hacerse al final del mismo sino para incluirla en lo que es la representación integral del proceso. Dicha

---

[7]   El establecimiento de orden que tiene por objetivo permitir obtener los mejores resultados posibles de acuerdo al fin que se tenga que alcanzar. www.definicionabc.com/general/sistematización.php

[8]   Diccionario de la Lengua Española: Acción y efecto de evaluar, de señalar el valor de algo, de estimar, apreciar, calcular el valor de algo, Edición Tricentenario, 2017.

representación, a veces engañosa, ya que hace que frecuentemente evaluemos a destiempo, en tiempos cuando ya no se puede hacer nada en beneficio del proyecto o cuando ya no es posible modificar sus resultados. Sin embargo, más adelante al revisar los diferentes tipos de evaluación nos daremos cuenta de que ésta es un proceso continuo que debe mantenerse activo y vigente a lo largo de la vida del proyecto.

Considerando las repercusiones que puede traer como consecuencia la concepción lineal del proceso administrativo, debemos desarrollar la capacidad para visualizarlo como un todo integrado, sistémico, dinámico que se aplica de manera cotidiana durante la ejecución de un proyecto y que el seguimiento, la supervisión y la evaluación constituyen el medio que facilitará el desarrollo mismo para hacer de él, a través del tiempo, un proceso más eficiente, más efectivo y de mayor calidad.

Sin embargo, no debemos olvidar que el crecimiento y el desarrollo de un sistema, debe ir acompañado de la incorporación de elementos que aseguren la coexistencia de una visión clara de una sostenibilidad que admita un caminar hacia la procuración de un mejor nivel de calidad de vida. Por otra parte, es innegable el hecho de que, partiendo del proceso administrativo básico, a través de la historia, se han ido incorporando metodologías orientadas a mejorar los resultados de dicho proceso.

"La metodología Kaizen, propone un cambio para mejorar, para establecer un proceso de mejora continua por todos(as), todos los días y en todas las áreas de una organización dada"
Masaaki Imai (1930 - ...)

Muchas de las metodologías emergentes han sido desarrolladas para ser aplicadas a la industria de transformación, sin embargo, es fundamental reconocer el hecho de que pueden ser perfectamente aplicadas, como así lo hemos hecho, para mejorar la eficiencia, la eficacia y la calidad de los proyectos sociales.

Así nacieron el "Kaizen"[9], la "Gerencia de Calidad Total (TQM)"[10], la "Metodología LEAN"[11], el "Seis Sigma"[12], la "Reingeniería"[13], "Más allá de la Reingeniería", la "Intervención Apreciativa"[14] la "Producción Justo a Tiempo"[15], y otras más, cuyo común de denominador tiene por objetivo, la mejora continua de un determinado proceso, sin olvidarse dejar de considerar al proceso original, el proceso "madre". Por cierto, en la actualidad a la mejora continua se le llama innovación[16].

"Cuando el líder carece de confianza, los seguidores carecen de compromiso"
John Maxwell (1947 - ...)

"El cambio es inevitable. El crecimiento es opcional."
John Maxwell (1947 - ...)

La innovación es un cambio que introduce el producto del análisis y la reflexión, el conocimiento adquirido, para modificar elementos ya existentes con el fin de mejorarlos o renovarlos.

---

[9] Conceptos introducidos en Japón durante el período de la posguerra por William Edwards Deming y Joseph Juran. Concepto retomado por Kaoru Ishikawa para definirlo como la mejora continua o Kaizen y desarrollado por Masaaki Imai.

[10] Armand V. Feigenbaum introdujo este concepto en su libro *Total Quality Control* y por Kaoru Ishikawa en su libro *What Is Total Quality Control? The Japanese Way.*

[11] Término concebido por primera vez por John Krafcik en su tesis de maestría, "Triumph of the Lean Production System", 1988.

[12] Término introducido por Bill Smith y Mikel J. Harry en 1986.

[13] Michael Hammer, publicado en su artículo "Reengineering Work: Don't Automate, Obliterate", 1990.

[14] David Cooperrider y Srivastva S. (Editores), "Positive Image, Positive Action: The Affirmative Basis of Organizing, Euclid, Ohio: Williams Custom Publishing, 1999.

[15] Taiichi Ohno, "Toyota Production System Beyond Management of Large-Scale Production", Tokyo, Japón, 1978.

[16] Innovación: Creación o modificación de un producto introduciendo novedades. Es la producción o adopción, asimilación y explotación de una novedad que agrega valor a un proyecto, un servicio y/o un producto. DLE, Edición Tricentenario, New Oxford American Dictionary. 2017

"El valor de la innovación no está en evitar que te copien,
sino en conseguir que todos te quieran copiar"
Enrique Dans (1965 - ...)

De esta forma el proceso administrativo, sin perder su esencia y su importancia, se ha enriquecido en los últimos 70 años con metodologías que alientan a las personas a poner en práctica de manera sistemática el proceso administrativo con la firme intención de hacer de éste: un proceso más eficiente, más efectivo y de mayor calidad; que genere mayor valor agregado al servicio; que promueva y facilite la capacitación del personal para que éste pueda llevar a cabo tareas más complejas que permitan la implementación de procesos sencillos; que elimine etapas que no agregan o generen valor; que identifique la variabilidad en el esquema de la prestación de un servicio con el propósito de estandarizar la calidad del mismo y, que permita también, el enfoque en procesos que culminen con la propuesta de la mejora continua del proyecto de una manera armónica, proactiva y participativa.

En el contexto del desarrollo de un proyecto, el principio, lo fundamental, el motor que genera su dinámica[17] y movimiento[18], es el ejercicio de las actividades (funciones) que le son encomendadas a cada una de las personas que participan en él. Cada persona que participa activamente en determinado proceso, tiene asignada una serie de funciones que favorecen el cumplimiento de un objetivo específico, el cuál, a su vez, contribuye al cumplimiento general del proyecto y al cumplimiento de la misión institucional. Es por esto que este libro, como cualquier otro proyecto, lo deseo llevar partiendo de la misión a la función[19], el componente más elemental del proceso, para luego transitar a través de ella hasta llegar al establecimiento sistemático de la mejora continua, misma se da a partir del conocimiento que produce

---

[17]   Diccionario de la Lengua Española: Relativo a la fuerza cuando se produce el movimiento. Sistema de fuerzas dirigidas a un fin, Edición Tricentenario, 2017.

[18]   *Op. Cit.*: Hacer que algo deje su espacio o lugar que ocupa para ocupar otro, Edición Tricentenario, 2017.

[19]   Actividad particular que realiza una persona dentro de un sistema de elementos, personas, relaciones, proyectos, organizaciones, con un fin determinado. www.google.com.mx/search?q=funcion

el análisis y la reflexión de aquello que se ha llevado a cabo en un período de tiempo dado. Así, tanto en el pensamiento, como en la actitud y con el firme propósito de convertirse en una organización de clase mundial, se debe tomar con seriedad la medición de resultados, la rendición de cuentas y la ejecución de proyectos que contemplen como su fundamento operativo la mejora continua para que, a partir de ella, podamos contribuir a la transformación y al empoderamiento de las personas, teniendo siempre presente y como aspiración, que la población pueda tener un acceso equitativo a las oportunidades que promuevan su desarrollo individual, familiar y social que favorezca, como resultado, la disminución paulatina y sistemática de la desigualdad social.

> *Hay quienes ven cosas y se preguntan: ¿Por qué?; Yo sueño*
> *cosas que nunca han sido y me pregunto: ¿Por qué no?*
> **George Bernard Shaw (1856 – 1950)**

Con esta perspectiva, parafraseando al Maestro Masaaki Imai, el proceso administrativo debe ser considerado y visualizado como un proceso dinámico que se aplica por todos, todos los días y en todas las áreas durante el desarrollo de un proyecto. Dicha perspectiva debe alimentarse con los productos del análisis y la reflexión de los avances y/o logros de un proyecto dado, para que se conviertan en el vehículo que facilite su desarrollo, sobre todo si pretendemos regirnos por el objetivo y por la razón de ser del proceso mismo. Siguiendo con las modas, ahora se vuelve vigente, otra vez, el enfoque sistémico, el cual se gesta por primera vez hace 50 años, a partir del enfoque integral y de la teoría general de sistemas (Ludwig von Bertalanffy)[20]. En un sentido amplio, la teoría general de sistemas (TGS), se presenta como una forma de obrar y proceder para comprender que los sistemas concretos (y las partes que lo conforman) representan una realidad, la cual es por naturaleza, compleja y única.

---

[20]   Bertalanffy Ludwig, General System Theory: Foundations, Development, Applications. Geoge Braziller Inc., 1968 (Penguin University Books) Revised Edition. ISBN-13: 978-0807604533 ISBN-10: 0807604534

*"En la consideración de los organismos vivientes como sistemas
abiertos que intercambian materia con el medio circundante
debemos comprender dos cuestiones: primero, su estática, o sea el
mantenimiento del sistema en un estado independiente del tiempo;
segundo, su dinámica, los cambios en el sistema con el tiempo"*
Ludwig von Bertalanffy (1901 – 1972)

Un sistema es un grupo de cosas[21] que actúan de manera recíproca, de manera regular o interdependiente, para formar un todo unificado[22]. Ante dicha definición, me pregunto, ¿cuál es la diferencia entre el concepto de sistema o el concepto de integralidad? Si tomamos en cuenta que integral se refiere a las partes de un todo que entran en su composición sin serle esencial al todo, de manera que éste puede subsistir, aunque incompleto, sin ella[23].

Después de revisar detenidamente ambas definiciones, podría decir que el sistema es una cualidad y una calidad de lo integral, es decir, que el sistema es lo que hace funcional al todo integrado y, por lo tanto, lo mantiene unido como un todo completo y con un propósito definido. Al mismo tiempo, la TGS constituye, por sí misma, una orientación hacia una práctica estimulante de formas de trabajo interdisciplinarias que se caracterizan por su perspectiva integradora, en donde lo importante es el desarrollo de la visión, de las partes, de los componentes que la conforman, de las relaciones que se establecen o que existen entre ellos, así como de las acciones, los productos y los resultados que surgen a partir de ellas. La definición más simple y operativa de la TGS describe al sistema como el conjunto de elementos que mantienen relaciones estrechas entre sus componentes, para asegurar su funcionalidad, lo que mantiene al sistema integrado persiguiendo, normalmente, algún tipo de objetivo específico (Bertalanffy, 1981).

Desde mi formación profesional de médico, sé que una célula forma tejidos, que los tejidos forman órganos, que el conjunto de órganos

---

[21]   Diccionario de la Lengua Española: Todo lo que es o existe. Todo aquello que tiene entidad, ya sea corporal o espiritual, natural o artificial, concreta, abstracta o virtual, Edición Tricentenario, 2017.

[22]   Merriam-Webster Dictionary, 2017.

[23]   Diccionario de la Lengua Española, Edición Tricentenario DLE, 2010.

forma un sistema y estos a su vez, forman individuos. Siguiendo esta línea de pensamiento, el conjunto de personas integra familias, éstas, grupos sociales y éstos, a su vez, comunidades haciendo que su conjunto, constituya una sociedad. Aun y cuando tienen funciones específicas, el conjunto de cada uno de los elementos, como un todo, mantiene relaciones estrechas y una serie de interacciones de las que depende su funcionalidad.

Así, la célula es un sistema que contiene un conjunto de elementos que mantienen relaciones e intercambios estrechos para que ésta cumpla con su función específica a través de la funcionalidad de sus partes, su dinámica, su interrelación y el intercambio con el medio ambiente que la rodea, para mantenerse y para conseguir un fin.

Lo mismo sucede con cada tejido, cada órgano, cada sistema, cada individuo y cada grupo social cuya funcionalidad, al igual que el de la célula, depende de la integración de sus componentes, así como la interrelación y el intercambio que sostiene con su medio interno y con su ambiente.

La visión sistémica o la carencia de la misma se puede expresar de una manera muy simple a través de un proverbio español y de un adagio germánico:

> *Por estar viendo el bosque, dejan de ver y de apreciar al árbol,*
> *por estar viendo el árbol, dejamos de ver y de apreciar el bosque*
> *y cuando estén en el bosque, no se pierdan en él.*

Esta frase nos indica el hecho de que la visión sistémica exige contar con la capacidad que permita sin dejar de ver el todo, poner también atención a los detalles los cuales debemos aprender a observarlos como una parte integral de determinado ambiente o proyecto; es decir, veamos los detalles y el contexto de la situación en donde se desarrolla, aprendamos a ver el árbol y veamos también el bosque del cual el árbol forma parte integral. Dicha conciencia permitirá evitar perderse tanto en los detalles, como en la situación.

La visión institucional es un elemento esencial en el contexto sistémico de una organización, misma que resulta del estudio de las tendencias que han sido desarrolladas a través del tiempo, las cuales son resultado del desarrollo de la inteligencia organizacional (IO), generando el conocimiento que permite establecer el desarrollo de la capacidad técnica, gerencial y financiera. Dentro de éstas se encuentra la implementación sistemática del ciclo de mejora continua.

Esta, la inteligencia emocional, es abonada por el espíritu institucional y por el deseo específico de lo que el grupo sueña y anhela como grupo: el cumplimiento de la visión, de la misión y la sostenibilidad de la organización. El conjunto de dichos componentes conforma una visión prospectiva de la organización, en donde sus posibilidades futuras se basan en indicios presentes sustentados por el amor que se tenga de la institución y por el ferviente deseo de llegar a desarrollar una organización de clase mundial. Así, nos enfrentamos a tres tipos de futuros: unos que son posibles; otros que son probables y otros que son deseables.

Sin embargo, cuando nos referimos al futuro, no debemos olvidar que existen variables internas (aquellas que dependen 100% de los miembros de la organización) y variables externas cuyo control no depende de los miembros de la organización. Sin embargo, la experiencia nos indica que en la medida en que desarrollemos la capacidad de controlar, manejar y administrar las variables internas de la organización, las variables externas minimizarían el impacto que pudieran tener sobre ella.

El futuro pertenece a aquellos y a aquellas que creen en la belleza de sus sueños.
Eleanor Roosevelt (1884 – 1962)

El futuro está oculto detrás de los hombres y las mujeres que lo hacen.
Anatole France (1844 - 1924)

Al respecto, es importante hacer énfasis que cada sistema y cada visión se encuentra delineada por fronteras temporales y espaciales, es decir, fronteras dinámicas que son influenciadas tanto por factores internos inherentes al propio sistema, como por factores externos relacionados con el entorno que rodea o circunscribe a cada sistema. En el contexto de las organizaciones sociales, el término sistema es empleado para describir su estructura, el conjunto de reglas que la gobiernan, su personal, su actitud, su conducta, sus activos, sus acciones, sus resultados, su impacto, su imagen.

La idea de un sistema social implica aceptar que existen actitudes y conductas cuyo origen trasciende a los individuos contenidos en un determinado sistema u organización, aceptando, también, que su estructura es determinada por factores internos y externos que van más allá de la suma de los objetivos y acciones individuales. En otras palabras, este concepto implica que las personas no somos agentes completamente libres y que somos substancialmente reactivos al ambiente que nos rodea.

Aun y cuando esta idea es contraria a la ansiada ilusión de que la gente puede hacer con total libertad sus propias decisiones, sostenemos que las diversas situaciones que se presentan de manera cotidiana en la existencia de los sistemas y de las organizaciones, son auténticos y suceden en la vida real[24].

Tomando en consideración que la mayoría de las situaciones que se presentan en el individuo o en las organizaciones sociales son causadas por factores internos, a pesar de la existencia real de tendencias masivas, confusas, distorsionadas y/o ficticias generadas por las fuerzas externas, las cuales muy frecuentemente empleamos para justificar nuestra propia situaciones, sabemos que el fortalecimiento de los factores internos, tanto individuales, como institucionales, contrarrestarán y minimizarán el impacto negativo que pudiera generar en su momento, los factores externos en el individuo o en la organización social.

Entre los factores internos que debemos desarrollar se destacan el trabajo para arraigar en el personal la razón de ser de la organización, su misión, su visión, su filosofía, sus objetivos, así como, el compromiso, la honestidad en el desempeño de sus funciones, el cumplimiento de sus responsabilidades, la objetividad y la transparencia del desempeño organizacional y el desarrollo de la capacidad técnica, gerencial y financiera. De esta forma, es cómo se construye y florece una organización de clase mundial que se encuentre orientada al cumplimiento de la misión, los objetivos y la visión institucional y que pueda enfrentar

---

[24]   Jay W. Forrester, www.clexchange.org, 1991.

fortalecida, el embate de los factores externos. Esta visión es fundamental para el establecimiento de procesos que permitan la mejora continua de la funcionalidad de determinado proyecto, objetivo, estrategia, actividad y/o función, los cuales deben ser adecuados de manera eficaz a los fines para poder desarrollar la capacidad de visualizar y describir las características, las relaciones tanto internas como las externas en donde se encuentran insertos, la interdependencia y la relación entre sus componentes, el orden que mantienen, las funciones que desempeñan, sus formas de comportamiento y los resultados que está produciendo.

Es importante destacar que cada sistema, al igual que cada proceso, tiene entradas que lo alimentan y salidas de aquello que produce, las cuales constituyen el sustento de la interrelación que tienen con los demás.

La metodología es la ciencia que trata del procedimiento y la técnica que se desarrolla a través de la marcha racional del pensamiento, la cual considera una serie de conceptos que se deducen unos de otros para discurrir o juzgar y llegar al conocimiento de la verdad. Así, este libro tiene como propósito fundamental proporcionar al lector los elementos de conocimiento, la estructura de pensamiento y la metodología que permitan implementar un proceso de mejora continua que haga, tanto de la persona, como del proyecto y la organización, el que se mantengan en un transitar por el camino de la búsqueda de la excelencia.

De manera general, para llevar a efecto el análisis y la reflexión de la información obtenida durante los ejercicios de supervisión y evaluación de un proyecto, debemos emplear, a manera de guía, el proceso de pregunta-razonamiento que nos permita ver, comprender, aprender y sistematizar el desarrollo de los pasos relativos a los procedimientos referidos. Como un paso previo a este ejercicio, es fundamental el obtener un conocimiento actualizado de la situación que guarda el proyecto. Estas preguntas son:

El **¿Qué?** ayudará a definir específicamente lo que se quiere hacer, evitando la dispersión para centrarse en la tarea que se proponen hacer. Dicho enfoque facilita la definición de lo que específicamente se quiere hacer en torno al proyecto, sus objetivos, las estrategias, las actividades que contiene cada una de ellas y las funciones correspondientes.

El **¿Para qué?** ayudará a confirmar lo que se quiere hacer y le da sentido a dicho quehacer, permitiendo la definición de los objetivos del proyecto, los cuales fundamentarán la importancia y le darán significado al proyecto, a los propios objetivos, a sus estrategias y a las funciones que emanen de ellas, contribuyendo a construir el contexto en el que se deben llevar a cabo.

El **¿Dónde?** ubica y se establece el espacio geográfico en donde se llevará a cabo el proyecto, la actividad y la función.

El **¿Quién?** define específicamente quienes son las personas responsables del proyecto, de las actividades y de las funciones que debe ser llevadas a cabo con el fin de cumplir con los objetivos y la misión de la organización.

Respondiendo al **¿Cómo?** se definirán los medios y los métodos más adecuados a ser elegidos para ser puestos en práctica a través de las tareas que contempla el proyecto.

El **¿Cuándo?** define los tiempos específicos dentro de los cuales se debe llevar a cabo el proyecto, las actividades y las funciones para cumplir con los objetivos que plantea.

El **¿Con qué?** permitirá reflexionar, visualizar y definir las necesidades de capacitación, asistencia técnica y de recursos (económicos, materiales, humanos y en especie) que son necesarios para realizar el proyecto, la actividad y la función propuesta de manera muy específica lo que se requiere para llevar a cabo la tarea propuesta. También ofrece los elementos necesarios para mejorar la eficiencia y la efectividad del proyecto, ya sea a través de la priorización de la relevancia que las funciones tienen para el proyecto, así como de la búsqueda de alternativas que nos permitan efectuar la función sin afectar su eficacia y calidad.

El orden propuesto de las preguntas recién descritas permite que el análisis, la discusión y la respuesta de la primer pregunta los guie de manera casi automática a la segunda y esta, a su vez, a la tercera y así sucesivamente, de tal forma que el seguimiento de la secuencia propuesta, paso por paso, proporcionará, una vez completado el proceso de razonamiento, los elementos de información, conocimiento y consenso necesarios para que los(as) personas participantes en el proyecto, propongan y desarrollen las líneas estratégicas, los procesos y las funciones que demanda la mejora del mismo.

La secuencia de preguntas que originalmente fueron propuestas para ser respondidas en sentido vertical y, a su vez cada una de ellas, puede ser desarrollada con las mismas preguntas en sentido horizontal de tal forma que cada una de ellas proporcione la mayor cantidad de información y conocimiento posible que permita la construcción de una buena propuesta de proyecto.

Flujos que pueden seguirse con relación a las preguntas estructurales:

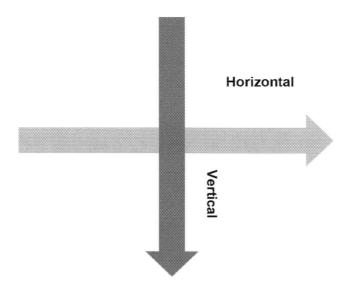

Por ejemplo, si estamos discutiendo la pregunta **¿Quiénes?**, podrían preguntarse de dicho cuestionamiento específico: **¿Quién? ¿Qué?**, **¿Cómo?**, **¿Dónde?**, **¿Cuándo?** y **¿Con qué?** Así, el sentido horizontal que desarrollemos de cada una de las preguntas descritas, permitirá profundizar en el proceso de generación de conocimiento que facilitarán la producción de recomendaciones para establecer y definir los objetivos, las estrategias, las actividades, las funciones y las responsabilidades específicas que tendrá cada una de ellas.

CAPÍTULO TRES

GLOSARIO

Con el deseo de establecer una comunicación que sea lo más precisa posible con los(as) lectores(as), me di a la tarea de investigar en el diccionario las definiciones de los principales conceptos que empleo en este libro, intentando fijar con la mejor claridad, exactitud y precisión posible, su significado y, en su caso también, determinar, mediar o resolver conceptos cuyo significado pudiera tener diferentes acepciones, intentando darles elementos para que puedan despejar la incertidumbre entre dos o más juicios o decisiones.

Bajo esta premisa, pienso y creo, considerando el enorme trabajo de indagación que lleva cada una de las palabras allí manifestadas, que el

---

[25] Merriam-Webster, *Dictionary and Thesaurus*, consultado en abril de 2017.
[26] Diccionario de la Lengua Española, Edición Tricentenario, 2014.
[27] Wikipedia versiones en español e inglés. Página consultada en abril de 2017.
[28] New Oxford American Dictionary, Oxford American Writer's Thesaurus & Apple Dictionary, consultado en abril de 2017

diccionario es el punto de acuerdo universal con relación al verdadero[29] significado de las palabras, al cual finalmente se llega por consenso.

De esta forma, espero que, podamos dejar de lado la interpretación que cada quien le pudiera dar a las diversas palabras o conceptos que presento, evitando que nos desviemos de su verdadero significado y alcancemos *el acuerdo*. Comienzo, como muchas de las cosas que hago, a partir de las principales definiciones de los conceptos contenidos en él reiterando que, para mí, el diccionario es una de las fuentes universales del conocimiento. Con excepción de la primera definición, el resto las presentaré en orden alfabético.

GLOSARIO: Catálogo de palabras definidas y comentadas en un contexto dado.

ATENCIÓN: Acción y efecto de atender. Cortesía, urbanidad, demostración de respeto. Satisfacer un deseo aplicando el entendimiento a una persona. Es la facultad mental de considerar o darse cuenta de alguien o de algo. Aplicar especial cuidado a lo que se va a decir o a hacer.

AUTORIDAD: Conferir a un tercero la responsabilidad que le corresponde, entendida ésta, como el privilegio de primacía (ventaja o excelencia) que se reconoce durante el ejercicio de la función. Es el prestigio meritorio de una persona u organización en su calidad o competencia sobre cierta materia. Se obtiene por asignación, por el reconocimiento de méritos propios e, idealmente, por ambos.

> *"La autoridad moral no es retenida por cualquier intento de aferrarse a ella. Viene sin buscarse y se mantiene sin esfuerzo"*
> **Mahatma Gandhi (1869 – 1948)**

CALIDAD: Propiedad o conjunto de propiedades inherentes a algo que permiten juzgar su valor al compararlas contra cosas iguales o similares. El grado o nivel de excelencia de algo. Es un atributo o característica que distingue a algo de los demás. Es una cualidad esencial de algo, es decir, el elemento o el carácter distintivo de su naturaleza. Si

---

[29]　Verdadero: Que contiene la verdad, que es real, efectivo y sincero. Acuerdo con el concepto que de ella se forma en la mente. DLE Edición Tricentenario.

la cualidad es positiva nos dice que es una cosa cierta, efectiva, verdadera y que no deja lugar a dudas.

"La calidad no es un acto, es un hábito"
Aristóteles (384 a.C. – 322 a.C.)

CALIDAD DE ATENCIÓN: Propiedad o conjunto de propiedades inherentes a un servicio que permiten juzgar su valor y que le confieren la capacidad de satisfacer las necesidades implícitas o explícitas de quien demanda el servicio.

CAPACIDAD: Es la cualidad de capaz. Apto, con talento o cualidades para algo. Conjunto de aptitudes, cualidades o condiciones que permiten el desarrollo totalmente satisfactorio de algo, por ejemplo.: el cumplimiento de una función, el desempeño de un cargo. Que puede realizar la acción que se expresa. Aptitud para ejercer personalmente un derecho y el cumplimiento de una responsabilidad.

"El hombre o la mujer nunca saben de lo que son capaces hasta que lo intentan"
Charles Dickens (1812 a 1870)

CAPACITACIÓN: Hacer a alguien apto para algo, es decir, adecuado y apropiado. Habilitar a alguien para algo. Hacer a alguien capaz para llevar a cabo una cosa determinada y que tiene, por lo tanto, talento o cualidades para algo.

CONTINUA: Que se extiende sin interrupción por dos o más etapas (o períodos) que tienen unión entre sí, es decir, que tienen correspondencia y conformidad de una con la otra. Que es perseverante en alguna acción. Que no muestra interrupciones.

COSTUMBRE: Manera habitual de actuar y de comportarse. Práctica tradicional de un grupo o de una colectividad.

CUALIDAD: Elemento o carácter distintivo de la naturaleza de alguien o de algo. Calidad, condición de algo o alguien.

"Entre las cualidades más importantes del espíritu humano está la confianza en uno mismo y el crear confianza en los demás"
Mahatma Gandhi (1869 – 1948)

CULTURA: Conjunto de modos de vida y costumbres. Conocimiento y grado de desarrollo social de un grupo social dado.

"La cultura es el ejercicio profundo de la identidad"
Julio Cortázar (1914 – 1984)

"La cultura de la mente debe estar al servicio del corazón"
Mahatma Gandhi (1869 – 1948)

DELEGACIÓN: La función, la responsabilidad, la autoridad y el poder, llevan implícito un acto de delegación. Así, delegar es dar u otorgar la jurisdicción[30] a alguien que tiene, por su oficio, para que esta haga las veces de o conferirle su representación. Jurisdicción, la palabra clave en la definición de delegación, se refiere a la autoridad y al poder que alguien se ha ganado por ejercer sus funciones y llevar a cabo su trabajo.

"Si caminas solo, irás más rápido; si caminas acompañado, llegarás más lejos"
Proverbio Chino

"El líder capaz delega a voluntad cualquier detalle de su posición.
De esta manera, un líder se multiplica y se prepara para estar en muchos lugares y dar atención a muchas cosas al mismo tiempo"
Napoleón Hill (1883 -1970)

ESTABLECIMIENTO: Con relación a la delegación de la función, establecer es la acción y el efecto de instituir u ordenar. Instituir se refiere a dejar demostrado y firme "algo" y también, darle principio a "algo". En el contexto de esta definición, ordenar indica encaminar o dejar algo encaminado a la consecución de un fin.

EMPÍRICO: Perteneciente o relativo a la experiencia. Que está fundado o fundamentado en la experiencia, entendiendo por ésta, el conocimiento o habilidad que adquiere una persona como consecuencia

---

[30] Jurisdicción: Poder o autoridad que tiene alguien para gobernar, mandar con autoridad o regir algo. DLE Edición Tricentenario, 2017

de la práctica prolongada de una circunstancia o de un acontecimiento (sentido, realizado, descubierto o presenciado).

EVALUACIÓN: Señalar, descubrir y/o sustentar el valor de algo. La evaluación es un juicio informado acerca de algo basado en el entendimiento y en la comprensión de determinada situación. Es también tener la capacidad para estimar los conocimientos, las aptitudes y el rendimiento de las personas. Es un proceso dentro del proceso que culmina con la emisión de un juicio en torno a un conjunto de información que puede ser empleado para tomar una decisión conforme a los resultados y establecer, desarrollar y poner en práctica, a partir de ella, la mejora continua. Esta, la mejora, se juzga por su utilidad para hacer más efectivas las intervenciones y acciones humanas y por la utilidad práctica para las personas que toman decisiones, que hacen políticas y para todas aquellas que se esfuerzan por mejorar el mundo. De acuerdo con la *Organización Mundial de la Salud*, la evaluación es un medio sistemático de aprender empíricamente y de utilizar las lecciones aprendidas para el mejoramiento de las actividades en curso y para llevar a cabo una planificación más satisfactoria a partir de la selección rigurosa entre las distintas posibilidades de acciones futuras.

FUNCIÓN: Es la capacidad propia de actuar de las personas y/o la tarea que se le encomienda realizar a una persona. Es la contribución que hace una persona a través de la ejecución de su trabajo a un sistema mayor del que él o ella forman parte. Es también todo aquello que relaciona con la implementación de determinada acción para contribuir al logro del objetivo de un determinado sistema.

GERENCIAL O GERENCIAR: Gestionar o administrar algo. Llevar adelante, por buen camino, una iniciativa o un proyecto. Es ocuparse de la administración y funcionamiento de una organización (en nuestro caso) de carácter social. Es dirigir, ordenar, disponer, tanto de una organización, como de sus recursos y activos.

GESTIONAR: Acción que se lleva a cabo con el propósito de conseguir algo. Es asumir y ejercer las funciones y responsabilidades que emanan como consecuencia de la ejecución de un proceso para llevar adelante una iniciativa o un proyecto específico. Es también la habilidad para manejar o conducir una situación determinada.

INDICADOR: Es un elemento que muestra o señala algo. Es un instrumento que proporciona una evidencia cuantitativa con relación a la existencia de determinada situación o si el cambio ha sido o no logrado. En caso de que el cambio no se haya alcanzado, permite evaluar su grado de avance. Para esto se compara el estado que tiene un indicador de base que define la situación original que se desea modificar, contra el estado que guarda el mismo indicador al momento de hacer la evaluación.

> *"La mayor parte de los hechos son inobservables, por*
> *lo cual hay que inventar indicadores"*
> **Mario Bunge (1919 - …)**

INDICADOR DE EFECTO: Mide los cambios que se producen como consecuencia de la implementación del proyecto. Reflejan los resultados obtenidos en relación directa a los objetivos específicos y sus resultados de determinado proyecto. Corresponde al nivel de evaluación del proyecto.

INDICADOR DE IMPACTO: Miden el cambio que se espera alcanzar al final del proyecto, el cual es definido en su objetivo general (el cambio social que se espera alcanzar, a mediano y largo plazo, como consecuencia de la implementación del proyecto). Corresponde al nivel de evaluación del proyecto.

INDICADOR DE PRODUCTO (RESULTADOS): Miden el grado de cumplimiento de las metas propuestas o de los objetivos específicos en un proyecto dado, alcanzado como consecuencia de las actividades realizadas (cumplimiento de metas). También se puede cuantificar el cumplimiento, en tiempo y en recursos del ejercicio presupuestal programado. Este indicador corresponde al seguimiento y la supervisión del proyecto, así como al nivel de evaluación del proyecto.

MARCO[31] **LÓGICO**[32]**:** El Banco Mundial define al marco lógico como una herramienta que facilita el proceso de conceptualización, diseño, ejecución y evaluación de proyectos. Su propósito es brindar estructura al proceso de planificación y comunicar información esencial relativa al proyecto.

MEJOR: Superior a otra cosa excediéndola en una cualidad natural o moral. Preferible o más conveniente. Más conforme a lo bueno o conveniente, más bien a lo esperado. Una calidad más efectiva y excelente. Más apropiado, con ventaja o bien asesorado(a).

MEJORA: Adelantar, acrecentar algo para alcanzar un estado mejor. Ponerse en un lugar o grado ventajoso con respecto del que antes se tenía. Es el proceso de moverse de un estado a otro para ser mejor, generalmente a través de una acción específica diseñada para alcanzar dicho estado.

MEJORA CONTINUA: Es una filosofía administrativa que se enfoca en mejorar de manera sistemática e ininterrumpida, los procesos organizacionales. En la actualidad es conocida como innovación.

OPERACIÓN DE CLASE MUNDIAL: Una organización que se convierte en la mejor en su campo y una vez que alcanza dicho nivel se sostiene allí por sí misma.

PLANEACIÓN O PLANIFICACIÓN: Acción y efecto de planificar. Un plan es una intención, un proyecto, es un modelo sistemático de una actuación que se elabora de manera anticipada para dirigirla y encauzarla. Es una intención metodológicamente organizada y desarrollada con gran amplitud que lleva el propósito de obtener un objetivo determinado.

"La planificación a largo plazo no es pensar en decisiones futuras, sino en el futuro de las decisiones presentes"
Peter Druker (1909 -2005)

---

[31]   Limites en los que se encuadra una cuestión, una circunstancia, una acción.

[32]   Dicho de una consecuencia natural y legítima. Dicho de un suceso que tiene antecedentes que los justifican. Modo de pensar y actuar con sentido común. Disposición para pensar de forma coherente.

PODER: Tener la facultad o potencia para hacer algo. En este contexto, la autoridad va asociada indudablemente al poder. La autoridad y el poder se adquieren cuando somos capaces de demostrar a otros(as) la facultad que tenemos para hacer o lograr algo. Es también tener la facilidad, el tiempo y el lugar para hacer algo. La potencia es la capacidad para ejecutar algo o para producir un efecto.

"La prueba suprema de virtud consiste en poseer
un poder ilimitado sin abusar de él"
Thomas Babington Macaulay (1800 – 1859)

"No hay poder como aquél que se funda en la justicia y se ejerce por la virtud"
Plinio el Joven (62 a.C. – 113 a.C.)

"El hombre más poderoso es el que es dueño de sí mismo"
Séneca (2 a.C. – 65 a.C.)

PROCESO: Es un conjunto de actividades ordenadas e interrelacionadas que interactúan entre sí para alcanzar un resultado. Es también la acción de ir hacia delante. Es seguir a través de un conjunto de fases sucesivas de una operación dada, con el objeto de alcanzar un resultado.

PROSPECTIVA: Exploración de posibilidades futuras basadas en indicios presentes. Conjunto de análisis y estudios realizados con el propósito de explorar o predecir el futuro. Que se refiere al futuro.

"Sabemos lo que somos, pero aún no sabemos lo que podamos llegar a ser"
William Shakespeare (1564 – 1616)

RESPONSABILIDAD: Es aquello que nos permite administrar, orientar, analizar, reflexionar y valorar las consecuencias de nuestros actos para hacernos garantes de cada uno de ellos. Al establecer la función y aceptarla, asumimos una responsabilidad. Una persona responsable tiene la virtud no sólo de tomar una serie de decisiones de manera consciente, sino también, de asumir las consecuencias y de responder de dichas decisiones, en cada momento y ante quien corresponda.

"Somos la memoria que tenemos y la responsabilidad que asumimos, sin memoria no existimos y sin responsabilidad quizá no merezcamos existir"
José Saramago (1922 – 2010)

"El mayor día de tu vida y la mía es cuando tomamos responsabilidad total de nuestras actitudes y conductas. Ese es el día en que realmente crecemos"
John C. Maxwell (1947 -…)

SISTEMÁTICO: Que actúa, sigue o se ajusta a un plan o a un sistema. Conjunto de reglas o principios racionalmente entrelazados entre sí y que contribuyen a la consecución de un objetivo. Es un proceder sustentado metodológicamente en principios. Proceso con capacidad de dar respuestas semejantes a las que daría un experto en determinada materia.

"El talento no es un don celestial, es el fruto sistemático del desarrollo de unas cualidades especiales"
José María Rodero (1922 – 1991)

"Él y Ella son el fruto del desarrollo sistemático de unas cualidades especiales"
José María Rodero (1922 – 1991)

SUPERVISIÓN: Ejercer la inspección de funciones realizadas por otros. Es examinar, observar, reconocer atentamente con cortesía, urbanidad y demostración de respeto. Es simplemente, volver a ver. Observar y dirigir la ejecución del trabajo de alguien relacionado con una tarea, un proyecto o una actividad.

TEORÍA GENERAL DE SISTEMAS: Es el conjunto de elementos que mantienen relaciones estrechas entre sus componentes, para asegurar su funcionalidad, sosteniendo al sistema integrado, cuyo comportamiento o función persigue un objetivo específico. Esta teoría observa totalidades y plantea el entendimiento de la realidad como un todo, situación que conduce a la conjunción de dos o más disciplinas (multidisciplinariedad).

CAPÍTULO CUATRO

LA PLANEACIÓN DEL PROYECTO, LA PROPUESTA DE TRABAJO

"El futuro carece por completo de sentido e importancia a menos que, más tarde o más temprano, se convierta en presente. Así, planear para un futuro que no va a convertirse en presente es tan absurdo como planear para un futuro que, cuando llegue, me encontrará "ausente", empeñado en mirar por encima del hombro en vez de mirarle a la cara"
Alan Watts (1915 -1973)

EN LA PRÁCTICA, ES muy común observar que la planeación y el desarrollo de proyectos sociales fracasan en el cumplimiento de sus objetivos y en la demostración del impacto social que pretenden. Uno de los motivos que frecuentemente explican este hecho, lo constituye el ejercicio de una planeación inadecuada. De allí la relevancia de este capítulo, el cual tiene como propósito facilitar dicho proceso de planeación:

Idea → planeación → desarrollo → propuesta de trabajo

El desarrollo de la idea o de las ideas que se pretenden llevar a cabo se comienzan a hacer realidad a través de la elaboración de un documento específico al que denominaremos *la propuesta*[33]. Esta, tiene la finalidad de establecer un marco de referencia que facilite la ejecución de un proyecto cuyo objeto último, es hacer de la idea original, una realidad. Con esta perspectiva, la propuesta es un acto de creación, el cual resulta del diseño y del desarrollo de una serie de elementos fundamentales, los cuales, en su conjunto, sirven al propósito de la referida intención.

"El triunfo de la vida es expresado mediante un acto de creación"
Henry Bergson (1859 – 1941)

"El proceso de creación es un proceso de entrega, no de control"
Julia Margaret Cameron (1815 -1879)

La experiencia nos indica que la falta o el desarrollo inadecuado de cualquiera de los elementos que integran una propuesta impactará negativamente en el proyecto, evitando el cumplimiento de la misión y de los objetivos que proponga. Es por esto, que dedicaremos este capítulo a los elementos que deben ser considerados durante la planeación y elaboración de la propuesta de un proyecto.

Cualquier proyecto que se pretenda llevar a cabo, independientemente de su simplicidad o complejidad, constituye una actividad que debe ser cuidadosamente planeada, desarrollada y registrada en un documento mediante el ejercicio de un proceso que puede ser apoyado, si se desea, con las preguntas estructurales previamente descritas, las cuales ampliarán las posibilidades y las oportunidades de contar con una propuesta que, gracias al nivel y a la calidad de su desarrollo, pueda tener mayores posibilidades de éxito.

---

[33] Diccionario de la Lengua Española: Idea que se manifiesta y ofrece a alguien para un fin. Manifestar con razones (inventar, idear) algo para inducirle a adoptarlo, Ediciones Tricentenario, consultado en mayo de 2017.

Independientemente de que se usen o no las preguntas estructurales las cuales tienen como único propósito ayudarnos a pensar, facilitar la generación de ideas y a estimular nuestra creatividad, es importante reconocer el hecho de que una propuesta de trabajo debe contener una serie de elementos esenciales que le den el sustento, la fortaleza, la objetividad, la congruencia, la especificidad y la viabilidad requerida para aumentar las posibilidades de éxito del proyecto planteado.

Normas Generales para el Desarrollo de una Propuesta. La elaboración de la propuesta de trabajo debe partir de y ser congruente con la filosofía, la misión y los objetivos de la organización, por lo que el proyecto que se propone llevar a cabo, debe reflejar con la mayor claridad posible, la posibilidad que éste tiene para contribuir al logro de la misión, la visión y los objetivos institucionales. La responsabilidad de la elaboración de la propuesta recae por completo en la organización que desea ejecutar el proyecto. Esta a su vez, debe delegar dicha responsabilidad en la persona que coordinará el proyecto la que, a su vez, promoverá la participación activa de todos(as) sus colaboradores(as) en el diseño de la misma. La propuesta del proyecto debe incluir una serie de apartados que propongan, expresen y expliquen con claridad la intención del proyecto. Esta se inicia con un título, el cuál que debe reflejar de manera clara, específica y sintética lo que propone la propuesta que será presentada, es decir, por simple que parezca, el titulo debe expresar la visión global de lo que el proyecto pretende realizar y ser. *"El título es la puerta de entrada al proyecto".*

Una vez definida la intención general del proyecto, expresada a través del título, le sigue una fase investigación bibliográfica y de campo sobre el tema específico en el que el proyecto intervendrá. Esta investigación, a la que de aquí en adelante le llamaremos evaluación diagnóstica (ED), llamada por otros autores como evaluación ex-ante o pre, tiene la intención de que las personas responsables de elaborar la propuesta, se interioricen en el tema, lo hagan propio y obtengan los elementos que permitan plantear la situación que justifique la necesidad social del proyecto. Además de que esta tarea constituye un apoyo fundamental para la elaboración y el diseño de una propuesta que pueda responder a una realidad concreta, la ED puede evolucionar, metodológicamente[34], hasta el punto de adquirir los elementos necesarios que contribuyan al establecimiento de una línea de base (LB).

Con dicha LB, se podrán establecer los indicadores contra los cuales se podrá evaluar el impacto del proyecto, mediante la comparación de ésta con mediciones futuras similares. Como resultado de dicha comparación (antes y después), obtendremos la información necesaria que demostrará los cambios alcanzados por el proyecto, difundir sus logros y el impacto social del mismo. Además de la misión organizacional, el proyecto, *per se,* debe considerar, su propia misión la cuál sea congruente y asegure, por una parte, la contribución del proyecto al cumplimiento de la razón de ser de la organización y, por la otra, describir con una frase, la naturaleza central del proyecto. La misión del proyecto debe ser considerada como el punto de partida para el desarrollo del proyecto y expresa, apoyándose con los elementos de conocimiento que surgieron de la ED, la intención específica del proyecto. A partir de ella, se debe construir el objetivo general y de él, se debe proceder a elaborar los objetivos específicos del proyecto prestando atención cómo, la ejecución de éstos, permitirán el cumplimiento tanto, del objetivo general y de la misión del proyecto como, de la misión y los objetivos de la organización.

Considerando el aporte de conocimiento que proporciona la ED, convierte a ésta, en un procedimiento que asegura que el personal de la organización, y de manera particular, los(as) responsables del proyecto, puedan de una manera informada, consciente y justificada, concebir y planificar la intervención que debe ser implementada. Esto hace de la ED, un paso crítico que asegura que la intervención que se propone llevar a cabo, responda de manera directa a las necesidades y demandas de la comunidad circunstancia que, por sí misma, hace de éste un proyecto alcance mayor viabilidad y posibilidades de éxito.

---

[34]   Aplicación de un cuestionario antes y después de la intervención, crear una base de datos que pueda compilar la información y proceder a su análisis. La evaluación antes y después se realiza comparando el mismo grupo objeto de la intervención del proyecto. Puede o no, tener un grupo control siempre y cuando este tenga las mismas características sociodemográficas.

Los objetivos del proyecto se refieren a logros, es decir, al hecho de haber alcanzado lo que se intenta, al propósito cumplido de las acciones que demandan la consecución de cada uno de ellos. La construcción o definición de los objetivos específicos debe incluir ciertas características: que sean *medibles* para que se sean susceptibles de darles el seguimiento y la supervisión correspondiente y permitan también, ser evaluados con relación al grado de cumplimiento de los mismos; deben ser adecuados a la misión del proyecto y a la misión institucional: deben considerar *un período de tiempo* para sean alcanzados; deben ser lo suficientemente *claros y específicos* para evitar que se presten a diferentes interpretaciones;y deben ser *realistas*, es decir, que se encuentren al alcance de las capacidades institucionales, administrativas, gerenciales y técnicas para asumir la responsabilidad y el compromiso para que sean logrados en tiempo y en forma[35].

El paso que sigue a la definición de los objetivos del proyecto, es el establecimiento de los indicadores, los cuales serán empleados para evaluar el proyecto. Los indicadores deberán considerar los objetivos establecidos y se sustentarán con los resultados de la ED, considerando que ésta proporciona la información específica y actualizada posible en el contexto de cualquier proyecto. El grupo poblacional sobre el cual se enfocará el proyecto y la delimitación del área geográfica que será cubierta por el mismo debe ser precisada en los objetivos específicos del proyecto, apoyada por la información compilada durante la ED.

En resumen, la ED que permitirá definir el problema que enfrenta el proyecto, sus causas y sus efectos, facilita la definición y el establecimiento del objetivo general y de los objetivos específicos y de la mano con ellos, los medios por medio de los cuales se estará con la posibilidad de verificar su cumplimiento, es decir los indicadores y con todos estos elementos, la construcción del marco lógico el cual explicaremos más adelante el cual nos brindará la visión estructural para desarrollar e implementar el plan de acción del proyecto.

---

[35]   José García Núñez, Guía detallada para administradores y evaluadores, Ediciones Pathfinder International, 1992.

Ya definidos los objetivos específicos, se procederá a trabajar con cada uno de ellos para de definir al detalle, las actividades que deben llevarse a cabo para cumplir cada uno de los objetivos específicos establecidos.

La claridad y la especificidad de este proceso, hasta aquí relatado, nos llevará a un acto final: a la definición de las necesidades de los recursos necesarios (humanos, económicos y materiales) para el desarrollo de cada una de las actividades que contemplan cada uno de los objetivos específicos. Con ello, se podrá definir las *funciones y las responsabilidades* que tendrán cada una de las personas que participan en el proyecto (personal operativo y administrativo). Esta serie de pasos sustentan el alma y el eje central sobre el cual gira la operación del proyecto, por lo que constituyen, por sí mismos, el fundamento del proceso de desarrollo y operación de una propuesta de proyecto.

> *"La función es el alma operativa de la intervención social"*
> **José Enrique Suarez y Toriello (1946...)**

La descripción de la metodología[36] que será empleada durante la ejecución del proyecto incluye una descripción detallada del conjunto de actividades y procedimientos que se llevarán a cabo con el propósito de alcanzar los objetivos considerados. Esta se desarrolla a partir de los elementos que surgen del proceso presentado y desarrollado hasta este nivel. En otras palabras, la metodología del proyecto es, simplemente, la descripción de la forma, los procedimientos, el modo, los medios y la práctica de cómo se debe hacer el trabajo para cumplir los objetivos planteados. A partir de los objetivos, de las estrategias de acción incluidas en cada objetivo, de las actividades incluidas en cada una de las líneas de acción de las cuales surgen las funciones con sus respectivos procesos, los cuales deben ser ordenados según los tiempos del proyecto para ser registradas en un cronograma de actividades (el diagrama de Gantt), el cual es una herramienta que ubica en el tiempo, modela y regula la

---

[36] Modo de obrar o proceder con orden. Una forma particular de proceder para lograr o acercarse a algo. Planeación o acción sistemática. DLE, Edición Tricentenario. New Oxford American Dictionary.

planificación de las tareas necesarias y establece los(as) responsables específicos(as) de llevarlas a cabo.

La precisión y la claridad de las actividades que son necesarias llevar a cabo, así como, la definición de los(as) responsables específicos(as) de cada una de ellas, permitirán el diseño del sistema de información, el cual incluye la definición del flujo de información de acuerdo a la estructura organizacional del proyecto, el cual será alimentado con el sistema de informes que incluye las formas de reporte de avances programático y financiero por área de responsabilidad.

Estas formas deben considerar el registro de las actividades que son relevantes para la consecución de los objetivos y de la misión del proyecto, especificar quienes serán los(as) responsables del registro de la información producida por el desarrollo de las referidas actividades (quién, qué, cuándo, con qué, cómo, cuándo y para qué) y el flujo que debe seguir la información en el contexto del proyecto hasta su compilación general, es decir, el reporte general del proyecto que puede ser mensual, trimestral, semestral y/o anual. Lo anterior implica, capacitar al personal para que lleve a cabo el registro de las actividades que le corresponden y conozca, para respetar, el flujo que debe seguir la información generada por cada uno de los diferentes niveles operativos del proyecto.

Una vez registrada y enviada la información generada durante el período de tiempo que estipula el sistema de información del proyecto, el(a) responsable del proyecto debe proceder a su compilación para producir los reportes programático y financiero en tiempo y forma, los cuales suministrarán la información requerida para efectuar su análisis y reflexión del cual se derivará la generación de conocimiento, sacar conclusiones y establecer recomendaciones, para proponer la mejora continua. Una vez realizado el proceso de análisis de la información, dar la retroalimentación al equipo de trabajo, informar a sus superiores y, en su caso, a la agencia donante.

La propuesta del proyecto, incluye el plan de supervisión y evaluación del proyecto el cual tiene como base al sistema de información el cuál se empleará para observar el avance del proyecto, proporcionando los medios para verificar el avance y/o cumplimiento de sus diferentes indicadores; los logros alcanzados; la relación el ejercicio presupuestal con el avance programático; para detectar a tiempo, todas aquellas situaciones que pueden facilitar u obstaculizar el desarrollo exitoso del mismo; para establecer como una práctica sistemática, empleando el análisis y la reflexión de la información, la generación de conocimiento que favorezca la implementación del ciclo de mejora continua del proyecto.

El plan de evaluación incluye el examen de tres áreas específicas: los resultados que permiten medir lo propuesto al inicio del proyecto contra los resultados alcanzados; el desarrollo del proceso metodológico que permite registrar y documentar las buenas prácticas que contribuyeron al logro de los objetivos y la medición del impacto social del proyecto, es decir, aquella que mide, aprecia y valora el cambio alcanzado, comparando los indicadores de impacto establecidos al inicio del proyecto contra el registro de los mismos hacia el final del mismo.

Idealmente, toda propuesta en la actualidad debe contener, por diferentes circunstancias, pero sobre todo por el compromiso que tenemos todos los que trabajamos procurando el bien común, un plan de sostenibilidad que asegure la continuidad y permanencia en el tiempo del proyecto.

"Si verdaderamente creemos que lo que hacemos es importante, debemos hacer nuestro el compromiso ineludible para trabajar con el propósito de asegurar la continuidad y la permanencia de la iniciativa social con la que nos hemos comprometido"
José Enrique Suarez y Toriello (1946…)

Una vez desarrollada la propuesta y habiendo identificado las necesidades de recursos humanos, materiales, infraestructura, equipamiento, etc., estaremos en la posición de conformar el presupuesto que permita proveer todos los insumos necesarios para el cumplimiento de los objetivos, la metodología y las actividades del proyecto. Cada una de las actividades consideradas para cumplir con la misión y los objetivos del proyecto deben ser perfectamente congruentes con el presupuesto contemplado, circunstancia que permitirá elaborar la respectiva analítica y justificación presupuestal.

La propuesta también debe incluir, a manera de anexo, una descripción curricular breve del personal clave del proyecto que ofrezca, al Consejo Directivo de la organización y al Donante (en su caso), la confianza necesaria de que el proyecto cuenta con el personal calificado para llevarlo a buen término. Por esta circunstancia, dicha descripción deberá hacer énfasis en su experiencia profesional, sus logros y sus capacidades temáticas relacionadas con el objetivo central del proyecto. Por último, cabe la descripción de los socios participantes, en caso de que el proyecto los tenga. Dicha descripción deberá clarificar el papel que juegan y la responsabilidad que asumen en el desarrollo del proyecto.

Una vez terminada la elaboración de la propuesta y, en el caso de que esta requiera aprobación por un tercero, debemos dejar muy claro que es responsabilidad de quien aprueba la propuesta y de quien pretende dar asistencia técnica al desarrollo del proyecto, asegurar que ésta cuente con los elementos mínimos indispensables para que sea un proyecto que sea susceptible de darle el seguimiento y la supervisión que requiere y los elementos necesarios para su evaluación.

Hasta este momento les he descrito los elementos fundamentales que deben incluirse en una propuesta. La ausencia de cualquiera de ellos debe impedir su aprobación en tanto ésta no se encuentre completa y congruente con los recursos que se solicitan para destinarlos la acción y el bienestar social están muy limitados. Considerando que el marco lógico es una herramienta que se emplea para facilitar el proceso de conceptualización, diseño, ejecución y evaluación de proyectos, en las siguientes páginas, desarrollaré los aspectos más relevantes de dicho tema, haciendo el esfuerzo para presentarlo de la manera más simple posible.

Marco Lógico (ML)[37],[38]. El ML proporciona una estructura al proceso de planificación y permite comunicar información relativa al proyecto. El ML aporta los elementos necesarios para facilitar la

---

[37]   USAID, 1971. Departamento de Información y Evaluación de la Agencia Internacional de Desarrollo de los Estados Unidos de América.

[38]   León Rosenberg y Lawrence Posner, Agencia para el Desarrollo Internacional de los Estados Unidos USAID, 1979

conceptualización, diseño, ejecución y evaluación de proyectos[39] y contribuye de manera eficaz a integrar y darle coherencia a todas las partes involucradas en el proceso. Este método fue originalmente desarrollado en los años 60's intentando responder a varias situaciones que eran comunes a los proyectos que se presentaban *y que, en la actualidad, continúan presentándose de manera regular, motivo por el cuál, me referiré a ellos como situaciones que están sucediendo en el presente.*

Entre estos destacan: La inexactitud de precisión del proyecto dada por la falta de especificidad y claridad de los objetivos; por una relación no apropiada de los objetivos con las actividades del proyecto; por problemas de definición de los objetivos que hacen imposible que sean susceptibles de darles seguimiento, de ser supervisados y de ser evaluados, ya que carecían de una base objetiva para comparar lo planeado con lo sucedido; las funciones y responsabilidades de las personas que participan en el proyecto no están bien definidas y son ambiguas; las personas responsables de la operación no conocen en profundidad el proyecto y desconocen el papel que deben desempeñar en el contexto del mismo; prevalece una falta de organización en la ejecución de proyectos no exitosos y que carecen de la posibilidad real de demostrar resultaos y el impacto social esperado.

En el contexto del desarrollo de una planeación, por los motivos referidos, es de vital importancia establecer una relación de coordinación técnico-funcional que permita el cumplimiento de los objetivos y las metas de un proyecto, situación que hará posible que dicha relación, pueda subsistir a través de la vida del proyecto[40]. Su énfasis debe estar centrado en el proyecto por objetivos, en la orientación hacia los grupos de beneficiarios y en facilitar la participación y la comunicación entre las partes interesadas. El ML puede utilizarse en todas las etapas del proyecto, tanto en la preparación del diseño de los proyectos, como en la valoración del diseño de los proyectos, en la implementación de los

---

[39] Marco Lógico, Banco Mundial.

[40] Edgar Ortegón, Juan Francisco Pacheco, Adriana Prieto en Metodología del marco lógico para la planificación, el seguimiento y la evaluación de proyectos y programas. Naciones Unidas CEPAL

proyectos aprobados y en el seguimiento, supervisión y evaluación del progreso de los proyectos[41].

Así, el ML considera el análisis de la situación sobre la que se va a intervenir y la población involucrada sobre la cual se centrará el desarrollo de los objetivos del proyecto, estableciendo, de acuerdo a su potencial impacto, la jerarquía que deben tener cada uno de ellos. Después de este trabajo, pasaremos a la selección de las estrategias que facilitarán el cumplimiento de dichos objetivos. Por otra parte, la matriz del ML resulta del producto del proceso creativo del desarrollo de la metodología descrita, matriz que resume lo que el proyecto pretende hacer, cómo lo va a hacer, cuáles son los supuestos claves y cómo el desarrollo de las funciones, las actividades, el empleo de los insumos y de los productos que considera la implementación del proyecto, serán monitoreados y evaluados[42].

El punto de partida para el desarrollo del ML de un proyecto lo constituye la definición de su estructura analítica. Dicha estructura se encuentra integrada por cuatro componentes sustantivos, los cuales representados en sentido vertical y jerárquico son: el fin (objetivo de desarrollo) que define el ¿paraqué? del objetivo general, el objetivo general, los objetivos específicos y las actividades.

---

[41]   The Logical Framework Approach. Australian Government 2005 Australian-Guidelines, Australian Agency for International Development (AUSAID)

[42]   *Op. Cit.* The Logical Framework Approach.

Estructura Analítica del Proyecto:

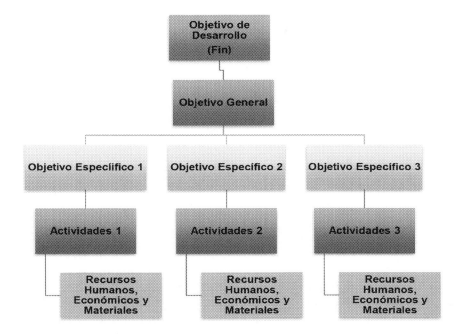

Describiendo la estructura analítica presentada desde en el sentido invertido, es pensar y describir los recursos que son necesarios para la ejecución de las actividades que considera cada uno de los objetivos específicos descritos y como es que el cumplimiento de los objetivos específicos contribuye al cumplimiento del objetivo general y este cumple con el fin último del proyecto, su objetivo de desarrollo.

Una vez definida la estructura referida, se debe proceder a elaborar la matriz del marco lógico, la cual esta integrada por los cuatro niveles jerárquicos descritos en una columna vertical y en el sentido horizontal en tres columnas más que describirán para cada uno de ellos, su(s) indicador(es) correspondientes, su metodología de verificación de cada indicador presentado y los supuestos potenciales (variables externas o ambientales) que pueden condicionar los resultados planteados o constituir, en su caso, un riesgo para la consecución de los objetivos. Así la matriz del marco lógico quedaría como se describe a continuación.

Matriz de Marco Lógico:

Estructura Analítica	Indicadores	Modo de Verificación	Supuestos
Objetivo de Desarrollo (Fin)			
Objetivo General			
Objetivos Específicos			
Actividades			
Recursos Humanos			
Recursos Materiales			
Recursos Económicos			

Con el deseo de facilitar la comprensión de la matriz del Marco Lógico, partiré desde la definición del problema (sus causas y consecuencias o efectos) en la inteligencia de que este proceso nos permitirá definir con mayor precisión, tanto el objetivo general, como los diferentes objetivos específicos que deben ser incluidos en la estructura de un proyecto.

Definición del Problema. Existen varias técnicas que son muy eficientes y muy eficaces para proceder a identificar el "problema" sobre el que se desea intervenir. El fundamento más importante de dichas técnicas, por su aportación, es la metodología participativa y el pensamiento grupal que facilite el consenso que permita definir de la manera más precisa la situación que se desea modificar. Una vez definida la situación, también y de manera grupal, se debe proceder a definir las causas y los efectos de dicha situación. En el capítulo 13 de este libro describo una metodología simple para precisar la o las causas reales de una situación dada, la cual parte del planteamiento del problema, de la definición de sus causas aparentes para llegar, a través de su análisis, a las causas reales. Este procedimiento permite también establecer con claridad los efectos o consecuencias de la situación referida.

Árbol de Problemas:

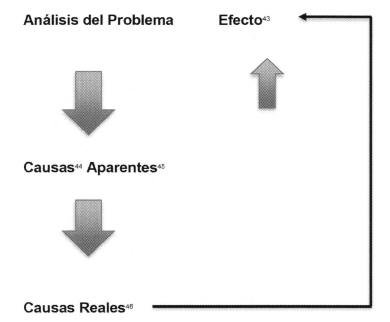

Análisis del Problema   **Efecto**[43]

Causas[44] **Aparentes**[45]

Causas Reales[46]

---

[43] Aquello que sigue o es resultado de una causa. DLE Edición Tricentenario
[44] *Op. Cit.:* Aquello que se Considera origen de algo
[45] *Op. Cit.:* Que parece y no es.
[46] *Op. Cit.:* Que tiene existencia objetiva, que es verdadero.

Ejemplo de un Árbol de Problemas[47]:

Problema	Un número considerable de niños, niñas y jóvenes carecen de elementos que facilitan su desarrollo integral en los planos físico, académico, psíquico, emocional y social
Causas:	Un número importante de niños, niñas y jóvenes: • No realizan una actividad física, llevan un estilo de vida eminentemente sedentaria • Incumplen con su tarea escolar • No practican actividades lúdico-formativas y culturales
Efectos (consecuencias)	Existe un incremento de actitudes y conductas de riesgo en niños, niñas y jóvenes que ponen en riesgo su desarrollo sano e integral.

De los Objetivos. Con relación al objetivo de desarrollo, en el contexto de un proyecto de una organización de la sociedad civil, deberá ser suficiente con el hecho de que el cumplimiento del objetivo general del proyecto, contribuya de manera significativa al logro del fin del proyecto. Dicha contribución y grado de cumplimiento del objetivo de desarrollo, no se da en el corto plazo (menos de tres años). Requerirá como mínimo un plazo de 3 años y más de una operación sostenida y continua del proyecto. Esta objetividad realista debe estar explícita en la descripción del objetivo de desarrollo del proyecto.

El objetivo general del proyecto es único para dar claridad y evitar ambigüedad, describe el efecto directo o resultado esperado al final del período de ejecución. Es el cambio que es fomentado por la ejecución del proyecto, cambio que, de ser efectivo, debe contribuir al logro total o parcial del objetivo de desarrollo.

---

[47] Julio Domínguez Padilla, Evaluación de Proyectos de Desarrollo Social. (FORTALESSA).

El título del proyecto debe surgir de la definición del Objetivo General, ya que éste marca la intención general del proyecto. Los objetivos específicos definen los resultados concretos que deberá entregar el proyecto para que éste logre su objetivo general, del cual penden de manera directa, el logro del objetivo general y el grado de participación de éste en la obtención del objetivo de desarrollo.

Árbol de Objetivos:

Ejemplo del Árbol de Objetivos[48]:

Objetivo de Desarrollo	Prevenir las actitudes y conductas de riesgo en los niños, niñas y jóvenes (conductas violentas, uno no creativo del tiempo libre, uso y abuso de drogas, tabaco y alcohol, falta de proyección al futuro, presencia de conductas antisociales, sexualidad irresponsable)
Objetivo General	Mejorar el desarrollo en los planos físico, académico, psíquico, emocional y social
Objetivos Específicos	• Incrementar la actividad física en niños, niñas y jóvenes • Incrementar el cumplimiento de tareas escolares en niños, niñas y jóvenes. • Incrementar la práctica de actividades lúdicas, formativas y culturales

---

[48] Julio Domínguez Padilla, Evaluación de Proyectos de Desarrollo Social. (FORTALESSA).

Árbol de Actividades. El cumplimiento de cada uno de los objetivos específicos requiere de la ejecución de determinado número de actividades. La definición de la lista detallada de actividades que requiere la implementación de cada uno de los objetivos descritos, es fundamental para desarrollar el marco metodológico del proyecto, ya que permite identificar los recursos necesarios para la realización de cada una de las actividades, establecer un orden cronológico y asignar a la o las persona(s) responsable(s). Así, cada objetivo específico debe considerar una serie de actividades y cada una de ellas debe prever los recursos que son necesarios para su implementación (humanos, económicos y materiales). De manera muy específica, los recursos humanos deben conocer, en el ámbito de sus actividades, de sus funciones, de sus responsabilidades y del nivel de autoridad requerido para su cumplimiento. Cada función contempla, a su vez, el desarrollo de uno o de varios procesos.

Árbol de Actividades:

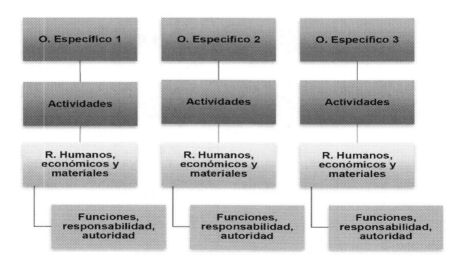

Ejemplo del Árbol de Actividades:

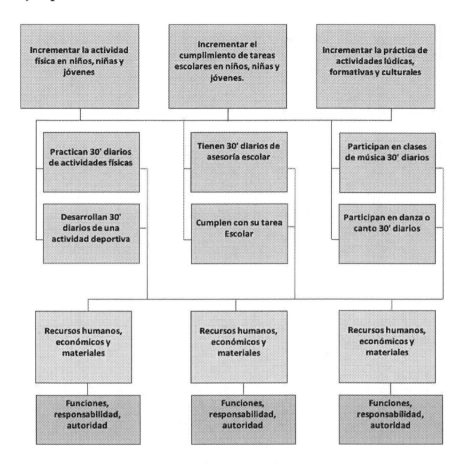

Árbol de Indicadores. Para los propósitos del libro, consideraré tres tipos de indicadores: 1) de producto, 2) de efecto y 3) de impacto. Los *indicadores de producto* miden durante el seguimiento y la supervisión del proyecto, el grado de desarrollo de las actividades realizadas que considera cada uno de los objetivos específicos planteados. Dicha cuantificación se realiza en cantidades, porcentajes, tiempo y recursos ejercidos para el cumplimiento de cada una de las actividades que contemplan cada objetivo específico. Los *indicadores de efecto* miden por medio de una evaluación, el grado o nivel de cumplimiento de los resultados que se asocian a los objetivos específicos y, permiten también, medir los cambios que se producen, en diferentes tiempos, durante la ejecución del proyecto. El *indicador de impacto* demuestra el cambio esperado como consecuencia directa de la realización del proyecto, el cuál fue definido en su objetivo general. Éste a su vez, resulta del cumplimiento a cabalidad de cada uno de los objetivos específicos.

Árbol de Indicadores.

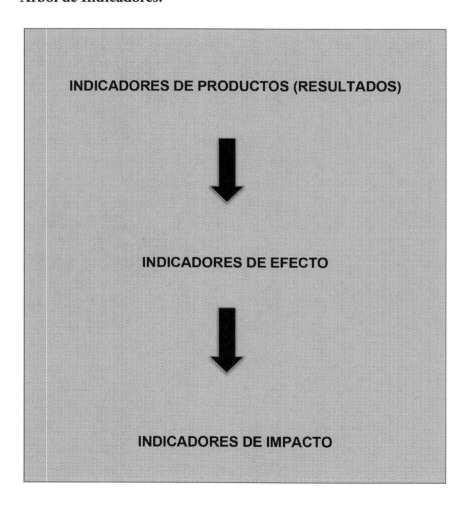

Ejemplo del Árbol de Indicadores[49]:

Indicadores de Producto	Número y porcentaje de niños, niñas y jóvenes que/de: • Practican actividades físicas por mes • Horas de actividad física por mes • Participan en actividades culturales por mes • Horas de actividades culturales por mes • Participan en actividades lúdico-formativas por mes • Horas de actividades lúdico formativas por mes • Participan en asesorías escolares por mes • Cumplen con su tarea escolar por mes
Indicadores de Efecto	Porcentaje (%) de niños, niñas y jóvenes que: • Mejoran su Índice de Masa Corporal (IMC) • Mejoran sus calificaciones • Mejoran sus habilidades para la vida (autoestima, plan de vida, pospone gratificación, autoestima, etc.)
Indicadores de Impacto	Porcentaje (%) de niños, niñas y jóvenes que: • Presentan conductas violentas. • Usan de manera creativa su tiempo libre. • Usan drogas una vez por semana. • Fuman un cigarrillo o más por semana • Consumen alcohol una vez por semana. • Que no tienen proyección al futuro • Que presentan conductas antisociales • Que tienen relaciones sexuales no protegidas

Matriz de Marco Lógico (MML). La MML se integra a partir del desarrollo de los arboles recién presentados (problemas, objetivos e indicadores). Ésta se desarrolla a partir de la jerarquización de los objetivos, partiendo del objetivo de desarrollo que da respuesta a la pregunta ¿Para que hacemos el proyecto?, definiendo con precisión lo que queremos lograr con él.

A éste le siguen el objetivo general, los objetivos específicos y las actividades necesarias a ser implementadas para cumplir con los objetivos específicos, lo que permitirá el cumplimiento del objetivo general y

---

[49]   Julio Domínguez Padilla, Evaluación de Proyectos de Desarrollo Social. (FORTALESSA).

como consecuencia, la obtención del objetivo último, el objetivo de desarrollo.

Cada uno tiene un indicador que permitirá verificar su respectivo cumplimiento, así como la metodología de verificación que se seguirá para ellos y en su caso, los supuestos o factores que la gerencia del proyecto debe anticipar, tratar de influir y/o encarar con adecuados planes para su cumplimiento (factores ambientales o variables externas).

Es importante antes de presentarles la MML, indicar que ésta puede incluir en un renglón adicional, las principales actividades de cada uno de los objetivos específicos que se han definido para el proyecto. En ese renglón adicional, la columna de indicadores se ocupa del presupuesto ejercido por cada actividad, el cual se verifica a través de la revisión del ejercicio presupuestal y el supuesto debe estar correlacionado con la disponibilidad y acceso a los recursos que son necesarios para su realización.

Ejemplo: Matriz de Marco Lógico[50]:

Jerarquía de Objetivos	Indicador	Fuentes de Verificación	Supuestos
FIN (O. DE DESARROLLO) Prevenir las actitudes y conductas de riesgo en los niños, niñas y jóvenes (conductas violentas, uso no creativo del tiempo libre, uso y abuso de drogas, tabaco y alcohol, falta de proyección al futuro, presencia de conductas antisociales, sexualidad irresponsable)	Porcentaje (%) de niños, niñas y jóvenes que: Presentan conductas violentas. Usan de manera creativa su tiempo libre. Usan drogas una vez por semana. Fuman un cigarrillo o más por semana Consumen alcohol una vez por semana. Que no tienen proyección al futuro Que presentan conductas antisociales Que tienen relaciones sexuales no protegidas	Entrevista sobre conductas de riesgo a jóvenes. Comparación con grupo control	Los padres de familia y los profesores se involucran para concientizar a los jóvenes.
PROPÓSITO (O. GENERAL) Mejorar el desarrollo de los niños, niñas y jóvenes en los planos físico, académico, psíquico, emocional y social	Porcentaje (%) de niños, niñas y jóvenes que: Mejoran su Índice de Masa Corporal (IMC) Mejoran sus calificaciones Mejoran sus habilidades para la vida (autoestima, plan de vida, pospone gratificación, autoestima, etc.)	Reportes escolares (calificaciones, cumplimiento de tareas, índice de aprobación escolar, índice de deserción escolar) Entrevista sobre habilidades para la vida a jóvenes.	Que los padres de los niños, niñas y jóvenes faciliten su participación en el proyecto. Asistencia y participación de niños, niñas y jóvenes en las actividades del proyecto. Que la comunidad en su conjunto (personas físicas y morales apoyen el proyecto.
PRODUCTOS (O. ESPECÍFICOS) 1.Incrementar la actividad física en niños, niñas y jóvenes 2.Incrementar el cumplimiento de tareas escolares en niños, niñas y jóvenes. 3.Incrementar la práctica de actividades lúdicas, formativas y culturales 4.Mejorar los hábitos alimenticios en los niños, niñas y jóvenes. 5.Capacitar a los niños, niñas y jóvenes en oficios.	Número y porcentaje de niños, niñas y jóvenes que practican por mes, horas por semana Actividades físicas que dedican. Realizan actividades Lúdico-Formativas (Música, Danza, Canto, etc. Reciben asesoría escolar y cumplen con su tarea Participan en actividades culturales por mes y tiempo que dedican. Participan en actividades lúdico-formativas por mes y horas que dedican por mes Participan en asesorías escolares y cumplen con tarea por mes Participación en talleres de oficio por mes, horas que dedican	Lista de asistencia a las actividades del proyecto. Informes Mensuales de Actividades. Reportes escolares (calificaciones, cumplimiento de tareas, índice de aprobación escolar, índice de deserción escolar)	Que los niños, niñas y jóvenes que participan en el proyecto tengan una actitud positiva que para desarrollar cabalmente las actividades. Que los factores ambientales (padres, maestros(as), instructores y otras personas) tengan una actitud positiva que fomente su participación.

---

[50] La matriz integra los árboles de problemas, objetivos e indicadores.

Evaluación Diagnostica:

Desde la experiencia que me precede, considero que la tarea de revisión de propuestas y la realización de una evaluación diagnóstica inicial, tienen una importancia fundamental para facilitar el adecuado desarrollo del proceso de planeación de un proyecto (definición de la situación a resolver, el establecimiento de objetivos, las estrategias de acción y establecimiento de los indicadores). Por tal motivo culminaré este capítulo describiendo, a través de un ejemplo específico, esta importante etapa, misma que no niega la importancia significativa que tienen el desarrollo de las demás áreas que deben integrar una propuesta.

Evaluación Diagnóstica (ED). Empleando las preguntas estructurales previamente descritas, se edificará la ED con los elementos que van surgiendo a partir de ellas[51].

¿Qué queremos hacer? Hacer una ED para profundizar en el conocimiento del tema central del proyecto y proceder al establecimiento de la línea-base de datos (LB)[52], de los objetivos y de los indicadores de un proyecto.

¿Qué es la LB de un proyecto? Es un conjunto de datos que se obtienen mediante la aplicación de un instrumento que contiene un número determinado de preguntas (reactivos) que se encuentran relacionados con el tema o los temas sobre los que pretende incidir el proyecto. Luego de la aplicación de dicho instrumento, los datos son capturados y almacenados generalmente en un ordenador para crear la base de datos. Del conjunto de datos almacenados y estadísticamente procesados (análisis), emana la información que se genera a partir del análisis de los resultados de la ED. Con esta información se obtiene, en tiempo real, la medición inicial sobre la situación que guarda el tema que es competencia del proyecto. A partir de ella, se procede al establecimiento de los indicadores que serán considerados para evaluar el proyecto, su metodología de verificación y los supuestos que pueden

---

[51]   Empleo las preguntas estructurales de manera reiterada para facilitar que, a través de su uso continuo, nos vayamos acostumbrando a sistematizar la descripción y el desarrollo de un proceso, una función, una actividad y/o de un proyecto.

[52]   Llamada ahora simplemente Línea de Base.

afectar el resultado. La producción de los valores iniciales que tendrán los indicadores contra los cuales se medirá el impacto del proyecto se les llama indicadores de base.

Considerando que este ejercicio se realiza al momento de iniciar las acciones planificadas por el proyecto, este ejercicio marca el punto de partida del inicio formal de un proyecto[53]. Deseo hacer énfasis que aun y cuando la información (conjunto de datos) se pueden adquirir de fuentes primarias (encuestas, entrevistas estructuradas, etc.) o secundarias (censos, estudios sobre el tema a tratar, etc.), la fuente primaria de información es la que ofrece la oportunidad de obtener información en tiempo real, ofreciendo una información actualizada, específica (con relación al tema que pretende desarrollar el proyecto) y probablemente más confiable.

¿Para qué se desea establecer la LB? Para obtener información que amplíe el conocimiento requerido para el desarrollo de un plan de trabajo y que pueda caracterizar, de manera objetiva, el tema del proyecto y este se pueda adecuar a la realidad que se desea modificar, facilitando la identificación del mismo con la comunidad en donde se pretende insertar y pueda responder a las necesidades y demandas de sus habitantes (pertenencia[54]).

También se desea establecer la LB para que, a través de su análisis, genere un conocimiento que facilite el proceso de toma de decisión que apoye la decisión de hacia dónde debe ser enfocada la atención y los recursos del proyecto (eficiencia) y, de cómo, los temas que se desean modificar deben ser atendidos de acuerdo a la priorización de las necesidades del proyecto (eficacia). Dentro de los aspectos más relevantes en el establecimiento de dicha LB, destaca la importancia de conocer, con mayor profundidad, el escenario inicial a partir de donde se desplegará la intervención que contempla el proyecto.

---

[53]   Vásquez, Aramburú, Figueroa y Parodi, 2001.

[54]   Pérez Porto, Julián y Gardey Ana, actualizado, 2014. A nivel social, la pertenencia es la circunstancia de formar parte de un grupo, una comunidad u otro tipo de conjunto. Es la satisfacción de una persona al sentirse parte integrante de una comunidad. El sujeto, de este modo, se siente identificado con el resto de los integrantes, a quienes entiende como pares.

La razón fundamental del establecimiento de la LB es que ésta permite, mediante el establecimiento de una referencia objetiva, analizar, evaluar y describir, a través de evaluaciones futuras, los logros del proyecto en lo que respecta a la consecución de sus objetivos y al impacto social logrado, elementos esenciales que permitirán demostrar la importancia del mismo y justificar, a través de dichos logros, su continuidad y su razón de ser. Gracias a dicha demostración, el análisis y la reflexión de los resultados y la magnitud del impacto alcanzado, producirá el conocimiento necesario para establecer un proceso de mejora continua durante la siguiente fase del proyecto e incrementar el potencial de la sostenibilidad del proyecto.

¿Con qué información vamos a establecer la LB? En este apartado realizaremos un listado de los datos necesarios para estructurar la LB, misma que será diferente dependiendo de si se trata de un proyecto nuevo o de uno que ya está siendo implementando. En el caso de un proyecto nuevo, es necesario obtener datos relacionados con la población a la que el proyecto será enfocado, sus datos sociodemográficos, las características geográficas de las áreas en donde residen, así como, las estadísticas temáticas locales (salud, educación, infraestructura, etc.) de la población. Otras metodologías importantes para recabar información son la observación directa de la zona geográfica mediante visitas de campo y el registro detallado de las mismas, las entrevistas con los(as) líderes formales y naturales de la zona, la realización de grupos de discusión dirigida con sus habitantes, la aplicación de cuestionarios, los cuales, dependiendo del tamaño de la comunidad, se llevarán a efecto a través de la realización de un muestreo que sea representativo de la población que va a ser cubierta por el proyecto o mediante la realización de un censo. Si un proyecto busca su sostenibilidad fundamentada en la participación activa de la comunidad, la implementación de un mapeo de activos comunitarios permitirá, identificar de una manera objetiva, los recursos (activos) con los que cuenta una comunidad dada y si las personas que se encuentra dispuestas para compartir sus habilidades y capacidades en el contexto del proyecto (participación activa y voluntaria de la comunidad). Si se trata de un proyecto establecido, la evaluación inicial deberá considerar los puntos anotados en el apartado anterior, así como, los resultados alcanzados por el proyecto en el año anterior, el conocimiento generado a partir del análisis y la reflexión de los logros alcanzados, y las recomendaciones que permitan hacer del proyecto que continua, uno mejor, estimulando la ejecución sistemática del proceso de mejora continua.

¿Cómo vamos a establecer la LB del proyecto?: Mediante la recopilación de la información considerada en el apartado anterior. En México, mi país, la información general sociodemográfica y estadística del municipio o municipios que cubrirá (o que está cubriendo) el proyecto puede ser obtenida a través de fuentes nacionales, estatales y municipales (Censos de Población y Vivienda y otras publicaciones del Instituto Nacional de Estadística, Geografía e Informática, Encuestas Nacionales de Salud, de los Consejos Nacionales de Población, de los Consejos Nacionales de Evaluación, de Secretarias de Estado Nacionales y Estatales relacionadas con el o los temas del proyecto, etc.). Por otra parte, y considerando que ninguna de las fuentes oficiales de información estadística nos proporcionará datos actualizados y específicos relativos a un tema de determinado proyecto en áreas geográficas muy específicas, será fundamental y necesario complementar la información general con la información obtenida a través de la realización de una encuesta que contenga los reactivos que nos proporcionen la información relacionada con el tema central del proyecto. Dicha encuesta nos dará la posibilidad real de contar con información actualizada que nos permita demostrar, en su momento, el impacto del proyecto.

Determinación de las Necesidades de Información Específica para Establecer la LB. Antes de intentar proceder a recabar la información específica requerida para establecer la LB que permita la evaluación de impacto de proyectos que empleen la metodología de evaluación de "antes y después", se debe trabajar para definir un listado que contenga las necesidades de información que son de interés para el proyecto. La LB puede considerar la aplicación del mismo instrumento a un grupo control, siempre y cuando éste, tenga las mismas características sociodemográficas de la población que será intervenida. Hacer esto, sirve para descartar aquellas variables externas que pudieran haber tenido un impacto en la población general y que no dependen de la intervención que considera el proyecto. El listado de las necesidades de información debe enumerar solo las variables que son necesarias para establecer los indicadores de base. Recabar esta información implica el desarrollo de los pasos que presentamos a continuación.

Proceso para Obtener la LB Específica de las Áreas de Cobertura. El primer paso es el diseño del instrumento (cuestionario) en concordancia a la información que requiere el proyecto. Ya elaborado el instrumento, se procede a realizar una prueba de campo que permita evaluar los tiempos de respuesta, la comprensión de las preguntas (reactivos) y la calidad de las respuestas; con base en el resultado de la prueba de campo se debe proceder al diseño del instrumento final. Una vez definido el instrumento final, en caso de que no se vaya a aplicar al total de la población, se procede a realizar la selección de la muestra de población. El diseño de la muestra es un paso fundamental para el establecimiento de la LB, ya que de ésta depende la representatividad que nos permita asegurar que la población seleccionada personifica o simboliza al total de la población que habita el área geográfica en donde se escenificará el proyecto, hecho que ofrece la posibilidad de extrapolar los resultados obtenidos al total de la población que habita en la zona geográfica cubierta por el proyecto. Ya determinada la muestra se capacita a las personas que serán responsables de administrar el instrumento y proceder a su aplicación[55]. Una vez que los datos fueron recolectados se hace la codificación de las respuestas de cada uno de los cuestionarios aplicados para seguir luego con el diseño de la base de datos que facilitará su captura. Una vez capturada toda la información, se hace, empleando los paquetes estadísticos disponibles (software), una primera corrida de análisis con el objetivo de estar en la posición para realizar r la limpieza correspondiente de la base de datos. Hecho esto, se vuelve a realizar la corrida de la base de datos (frecuencias, tablas cruzadas y otros análisis estadísticos) para procede finalmente a efectuar

---

[55]   La capacitación de los(as) encuestadores está orientada a que conozcan de manera general el proyecto, que conozcan y comprendan el instrumento y la intención o el sentido de cada una de las preguntas (reactivos) que contiene y puedan en cualquier momento asistir a la persona entrevistada orientando y clarificando las preguntas.

el análisis de la información y la interpretación de resultados. Antes de hacer la presentación de los resultados, estos deben ser estudiados para arribar a las conclusiones y proponer las recomendaciones que emanen del análisis.

Ya obtenido los resultados de la LB, estos pueden ser empleados para diseñar, ajustar y definir, sustentados en el conocimiento de la situación actual que vive la población en la que se enfocará el proyecto, los indicadores base del proyecto contra los cuales será evaluado el proyecto mediante evaluaciones futuras y tener la capacidad de demostrar su impacto social. Por otra parte, la información que proporciona la aplicación de la encuesta, puede ser complementada por medio de la observación estructurada y de preguntas directas a las personas que habitan en la zona geográfica seleccionada (habitantes, líderes e informantes clave), que brinde información sobre la infraestructura con la que cuenta la comunidad (escuelas, parques, comercio, centros comunitarios, centros de culto, etc.); las rutas de acceso a las comunidades, sistema de transporte; la descripción del ambiente físico y social del área geográfica; identificar los sitios de reunión de la población (mercados, tiendas, iglesias, etc.); conocer los antecedentes de proyectos que se hayan llevado a cabo o que se estén llevando a cabo (qué instituciones, tipo de trabajo, logros, en caso de que ya no existan, buscar explicación de los motivos que indiquen por qué las organizaciones que estuvieron ya no están).

¿Quién va a establecer la LB? La OSC responsable de la ejecución del proyecto es la que debe establecer la LB. A nivel de la organización, la persona encargada del proyecto con el apoyo de la dirección de la misma será la que ejecute esta tarea específica. Consideramos que esta persona debe apoyarse, particularmente, con aquellas que participarán de manera directa en el proyecto. También se puede contratar agentes externos que lleven a cabo la aplicación, la codificación, la captura y el análisis de la información.

¿Cuándo vamos a establecer la LB? La valía del establecimiento de la LB se obtiene sólo si se aplica antes de iniciar el proyecto en intervenciones de corta duración (un año) o dentro de los primeros dos meses antes de iniciar un proyecto nuevo con una duración de un mínimo de dos años. Al final de cada año calendario de un proyecto, se vuelven a emplear los mismos instrumentos que se usaron para aplicar la LB. Este ejercicio tiene diferentes propósitos: establecer la mejora continua; realizar la evaluación de impacto y como insumo para la elaboración del plan de continuidad del proyecto.

¿Con qué vamos a establecer la LB del proyecto? Con el producto del análisis y de la interpretación de los resultados de la información que se obtuvo para conformar la línea-base de datos. Debe quedar muy claro, al final del día, que solo aquellas organizaciones que tengan la capacidad de *demostrar objetivamente el impacto social de los proyectos que ejecutan*, son aquellas que tendrán una mayor posibilidad para obtener los recursos que puedan contribuir al aseguramiento de futuros financiamientos y a la sostenibilidad misma del proyecto ya que a través de dicha acción, están manifestando con hechos concretos la valía que tiene éste para la población

CAPÍTULO CINCO

EL MODELO DE CAPACITACIÓN, ASISTENCIA TÉCNICA, SUPERVISIÓN, EVALUACIÓN Y MEJORA CONTINUA

"La sabiduría consiste en saber cuál es el siguiente paso; la virtud es llevarlo a cabo"
David Starr Jordan (1851 – 1931)

En este apartado describiremos, los elementos que permitirán la implementación y la ejecución, de manera sistemática, de la mejora continua. También proveerán de la metodología base y de la estructura necesaria para llevar a cabo cada una de las fases del proceso administrativo implícitas en el ambiente de un proyecto: planeación, organización, dirección, ejecución, control y evaluación.

"Una máquina puede hacer el trabajo de cincuenta hombres ordinarios.
Ninguna máquina puede hacer el trabajo de un hombre extraordinario"
Elbert Hubbard (1856 - 1915)

Durante el primer año de vida de un proyecto, el proceso de asistencia técnica y capacitación se desarrolla de manera intensiva a través de 17 pasos secuenciales los cuales describiré a continuación[56]. De entrada, puede percibirse como un proceso muy demandante y tedioso. Sin embargo, les aseguro que en la medida en que aprendan de ellos, desarrollen su creatividad y encuentren el placer de su resultado y el conocimiento del valor del resultado que tiene para la comunidad, será un proceso que los llenará de satisfacción. A experimentar como lo dice Albert Einstein, a experimentar el placer de los resultados obtenidos y el placer de apreciar al tomar conciencia de lo importante que es el resultado para la comunidad.

Espero que sean pacientes y se den la oportunidad para pasar por el proceso.

La experiencia y el conocimiento que se vaya obteniendo a través de la práctica cotidiana del proceso referido, llevado a través de un proyecto específico con la intención de que se aplique y se aprenda a través del ejercicio cotidiano de una intervención social, reducirá, año con año, la intensidad de la intervención de capacitación y asistencia técnica, en un escenario en donde la producción de conocimiento y de experiencia, es empleada para aplicarse al proceso de mejora continua. En otras palabras, es simplemente, "aprender haciendo". Independiente de la capacidad que puedan llegar a obtener, en este caminar, no deben olvidar dos cosas esenciales: 1) el trabajo que debemos continuar haciendo para mantener los resultados, el nivel de desarrollo personal y organizacional y 2) el hecho innegable de que siempre tendremos la oportunidad de hacer mejor las cosas.

---

[56]   Suarez y Toriello J.E., Manual de Asistencia Técnica y Capacitación sustentado en la capacitación, Ediciones FEMAP, 1ª edición 1992. 2ª. Edición 2014, bajo el nombre de Manual de Asistencia Técnica para las Organizaciones de la Sociedad Civil, Ediciones FEMAP.

"Hazlo lo mejor que puedas hasta que sepas más. Cuando sepas más, hazlo mejor"
Maya Angelou (1928 – 2014)

"En cuanto a mí, estoy en busca de la excelencia. No tengo tiempo para envejecer"
Will Eisner (1917 – 2005)

Pasos Secuenciales.

El 1er paso se enfoca en la revisión y análisis de la propuesta (plan) del proyecto. Con esta perspectiva desarrollamos las siguientes preguntas para lograr el propósito de este primer paso: **¿Qué vamos a hacer?** Revisar y analizar el plan de trabajo que será presentado. **¿Para qué lo vamos a hacer?** Para asegurarnos que el plan de trabajo esté completo; que muestre el planteamiento de la situación que se pretende modificar y resolver; que el proyecto que se presenta se encuentre plenamente justificado; que se cuente con una LB contra la cual se medirá el impacto social deseado del proyecto; que contenga objetivos con las características previamente descritas[57]. Así mismo, revisaremos que tanto la metodología, como el cronograma de actividades se encuentren alineados a los objetivos, a las actividades, a los tiempos, a los recursos humanos y materiales y al presupuesto del proyecto; que se tengan asignadas las funciones y los(as) responsables de cada una de las actividades planeadas; que tenga previsto el registro de las actividades para la realización de los informes programáticos; que considere las estrategias de seguimiento y supervisión, así como, un plan de sostenibilidad que asegure la continuidad del proyecto una vez que termine el ciclo del financiamiento externo; que contemple la evaluación del proyecto (proceso, resultados e impacto) y que el presupuesto sea congruente con los objetivos y actividades que pretende realizar el proyecto. **¿En Dónde?** Este trabajo se realiza en las oficinas de la organización o de las personas que han sido contratados para revisar la propuesta y, en su caso, para realizar el seguimiento, la capacitación y

---

[57]   José García Núñez, *Guía Detallada para Administradores y Evaluadores*, Ediciones Pathfinder International, 1992.

la asistencia técnica del mismo. **¿Quién?** El o la responsable asignado(a). **¿Cómo?** Mediante la lectura, revisión y análisis del plan de trabajo presentado por la organización. **¿Cuándo?** Antes de que la propuesta del proyecto sea presentada para su aprobación. Esta actividad debe ser condición para que la propuesta sea considerada para recibir el financiamiento respectivo. **¿Con qué?** Una copia escrita de la propuesta del proyecto a ser entregada y presentada.

Productos del 1er Paso.* El producto más importante que resulta de esta secuencia, en caso de que sea necesario, es la entrega de una serie de recomendaciones orientadas a la mejora del diseño del plan de trabajo del proyecto, las cuales emanan de su revisión minuciosa, ya que se debe asegurar que el plan incluya todos los elementos necesarios que hagan posible su ejecución, que tenga la capacidad intrínseca de que sea un proyecto que pueda ser seguido, supervisado y que tenga, además, mediante su evaluación, tener el potencial de demostrar el impacto social deseado. En su caso, las recomendaciones deben de ser presentadas por escrito por las personas responsables de realizar el trabajo mencionado (revisores(as) internos o externos. Considerando la experiencia y el profesionalismo de los(as) revisores, sus recomendaciones no están sujetas a ningún cuestionamiento por parte de quien presenta la propuesta y deben ser incorporadas a ella. Por otra parte, éstos(as) deberán de tener la disposición para asistir al personal responsable para facilitar la incorporación de dichas recomendaciones. Un segundo producto lo constituye la tarea de certificar que las recomendaciones propuestas han sido incorporadas a la propuesta de trabajo. En el caso de que éstas no hayan sido tomadas en cuenta y, después de haber comprobado que las recomendaciones presentadas estaban bien sustentadas, se debe someter la consideración del Consejo Directivo de la OSC y/o de la Agencia Donante la recomendación de que la propuesta no debe de ser aprobada.

El 2º Paso es la Aprobación de la Propuesta del Proyecto. ¿Qué? Aprobar la propuesta de trabajo. **¿Para qué?** Certificar que la propuesta presentada cumple con todos los requisitos de un buen plan de trabajo y que las recomendaciones propuestas fueron incluidas y que incluye en su diseño, la práctica sistemática del proceso de mejora continua. **¿Dónde?** Oficinas de la organización o, en su caso, de la institución financiadora.

¿Quién? El(a) o los(as) responsables que designe la organización o la institución financiadora. Esta aprobación no se puede dar sin el visto bueno de la institución responsable de dar la capacitación y la asistencia técnica para facilitar el buen desarrollo del proyecto. **¿Cómo?** Asegurando mediante una revisión exhaustiva, que la propuesta cuente con los elementos indispensables que faciliten el éxito del proyecto, que incluya las recomendaciones propuestas y que cumpla con todos los requisitos que solicita la organización o la institución financiadora. **¿Cuándo?** Una vez que se certifique que hayan sido incorporadas a la propuesta de trabajo, todas las recomendaciones propuestas. **¿Con qué?** Con una copia en papel o electrónica que permita certificar dicha incorporación.

Productos del 2º Paso. La propuesta aprobada por el(a) director(a) del área, el director(a) de la organización, la persona responsable de la agencia donante y, en su caso, por la organización encargada de proporcionar la capacitación, la asistencia técnica, la supervisión y la evaluación.

> *"La búsqueda de la aprobación se convierte en una zona errónea[58] sólo cuando se convierte en una necesidad en vez de un deseo"*
> **Wayne Dyer (1940 – 2015)**

El 3ᵉʳ Paso. La Visita de inicio. ¿Qué? Llevar a cabo una visita de inicio a la OSC. **¿Para qué?** Verificar que el personal que llevará la responsabilidad de la implementación del proyecto cumplan con todas las condiciones asentadas en la propuesta y se encuentren listas para dar inicio a las actividades del proyecto. Esto implica verificar que a) conozcan el proyecto; b) estén dispuestos(as) y listos(as) para comenzar; c) aclararen y resuelvan las dudas que puedan afectar el inicio y, por tanto, el curso del proyecto; d) aseguren que el personal responsable del proyecto ya recibió la capacitación inicial; e) que se les hayan definido y dejado perfectamente claras sus funciones y responsabilidades que

---

[58] Dier Wyne. Your Erroneus Zones, Avon Books, New York, 1976. Son zonas erróneas el resultado de procesos cognitivos de mentes que generan pensamientos estrictamente negativos que inmovilizan, limitan y perjudican a la persona.

exige el ejercicio del papel que juegan en la implementación del plan de trabajo; f) se cercioren de que el personal responsable tenga asignada la autoridad que requiere el ejercicio de las funciones y responsabilidades que les fueron encomendadas y g) que el seguimiento personalizado de cada una de las personas involucradas en el proyecto esté planteado en las actividades del mismo. Además, la visita de inicio tiene el propósito de confirmar que las formas de registro de información que utilizarán para hacer los informes mensuales del proyecto (programático y financiero) estén diseñadas, que el personal haya sido capacitado para su uso, demuestren que saben cómo llenarlas y conozcan el flujo de información del proyecto. En el caso de que el proyecto considere diferentes áreas temáticas o geográficas de intervención, solicitar la presentación de los planes de trabajo detallados de trabajo por área de responsabilidad. **¿Dónde?** En las instalaciones de la organización y en el campo, es decir, en el área geográfica en donde se llevará a cabo el proyecto. **¿Quién?** El(a) director(a) del área responsable del proyecto en conjunto con el personal directivo y administrativo de la organización y, en su caso, el(a) oficial de programas de la agencia donante y el personal asignado de proporcionar la capacitación y la asistencia técnica del proyecto. **¿Cómo?** Con la propuesta aprobada en mano, el(a) director(a) del área, junto con el resto del personal, elaborarán un listado de los detalles que deben estar dispuestos antes del inicio formal del proyecto. Con dicho listado se realiza una visita física a la organización para verificar, por medio de entrevistas con el personal del proyecto (directivo, administrativo y operativo), que cada uno de los puntos registrados estén resueltos antes de iniciar el proyecto. **¿Cuándo?** Una vez que el(a) director(a) del proyecto haya sido notificado por la OSC o por la agencia financiadora de que su proyecto fue aprobado, antes del inicio formal del proyecto. **¿Con qué?** Lista detallada de las cosas importantes que deben estar definidas y listas para el inicio de la propuesta.

   Productos del 3er Paso: Un reporte detallado que dé fe de que la organización se encuentra lista para iniciar el proyecto. Dicho reporte debe incluir a manera de anexos, la presentación de los planes de trabajo detallados por área de responsabilidad del personal del proyecto que aseguren que los participantes en el mismo, tengan pleno conocimiento de él.

El 4° Paso: Revisión de los planes de trabajo detallados por área de responsabilidad. ¿Qué? Revisión y análisis de los planes de trabajo detallados por área de responsabilidad de cada una de las personas involucradas en la operación del proyecto. **¿Para qué?** Para que cada uno de los(as) responsables operativos(as) se involucren de manera activa y conozcan a detalle el proyecto y tengan el conocimiento preciso de sus funciones, tareas, actividades, responsabilidades y que hayan recibido el apoyo respectivo para el ejercicio de las mismas, mediante la delegación de la autoridad que se les debe conferir a cada uno(a) de ellos(as). Al revisar los planes detallados por área de responsabilidad se vigilará que sean congruentes con los objetivos del proyecto, que estén completos y que incluyan todas las actividades de cada uno(a) de los(as) responsables. Los planes deben estar diseñados de tal forma de que sean susceptibles de ser supervisados y evaluados de forma individualizada, hecho que permite dar un seguimiento personalizado a cada una de las personas que participan en él. El personal operativo debe participar activamente en el desarrollo metodológico de la propuesta y en el diseño de las diferentes formas de registro de información necesarias, que les posibilite llevar a cabo el registro mensual de las actividades del área de su responsabilidad (actividades programáticas). Deben saber qué, cuándo, con qué, cómo y a quién deben informar. Su conocimiento y participación en el diseño del sistema de información del proyecto facilitará el desarrollo dinámico de la información que requiere la implementación de un proyecto. **¿Dónde?** Esta actividad se lleva a cabo en las oficinas de la organización y, en su caso, en las oficinas de la institución que tiene la responsabilidad de la capacitación y la asistencia técnica. **¿Quién?** El responsable asignado de la organización, el(a) director(a) del proyecto o los oficiales de la capacitación y de la asistencia técnica. **¿Cómo?** Revisión y análisis de los planes de trabajo detallados de cada uno de los participantes operativos del proyecto, asegurando que ya hayan sido consideradas e incluidas todas las recomendaciones previamente planteadas en el apartado "¿Para qué?". **¿Cuándo?** Antes del inicio formal del proyecto, previo a la asignación formal de recursos económicos por parte de la organización o de la agencia donante. **¿Con qué?** Basados en la propuesta general del proyecto aprobado y con los planes detallados por área de responsabilidad se hace el ejercicio de buscar primero la correlación de estos con la propuesta del proyecto aprobado. Una vez hecho lo anterior y de manera particular, se buscará la congruencia de dichos planes con los objetivos general y específicos del proyecto, de las actividades que requiere la realización de cada objetivo específico, el conocimiento de funciones y de las responsabilidades del personal operativo, el equilibrio en la distribución de responsabilidades, su especificidad, así como asegurar la posibilidad de que dichos planes detallados de trabajo sean susceptibles de darles seguimiento, ser supervisados y evaluados.

__Productos del 4º Paso.__ Un reporte escrito que incluya, en su caso, la recomendación sugerida a la organización responsable de la implementación del proyecto de aquellos detalles pendientes con relación a los planes de trabajo detallados que deben trabajar antes del inicio. En caso de la existencia de pendientes que puedan afectar el desarrollo del proyecto, estos deberán estar resueltos al 100%, antes de recibir el visto bueno para iniciar el proyecto. En caso necesario, se les proporcionará el apoyo técnico necesario a los responsables operativos para que incorporen las recomendaciones presentadas.

El 5º Paso, Visita de Capacitación Inicial. ¿Qué? Llevar a efecto la primera visita de capacitación inicial y asistencia técnica por parte de la organización responsable de llevarlas a cabo (organización externa). **¿Para qué?** Para asegurar que el personal responsable del proyecto cuente con los elementos mínimos de información y capacitación que le permita dar inicio de las actividades del proyecto. Así, la capacitación inicial tiene como objetivos que cada uno(a) de los(as) participantes estén preparados(as) para llevar a cabo y cumplir con las funciones y responsabilidades que se les han encomendado en el contexto del proyecto; que adquieran la conciencia de la importancia de conocer en profundidad tanto el plan general del proyecto, como los planes específicos por área de responsabilidad. Es de vital importancia que el responsable del área conozca cada uno de los planes de los demás participantes para poder establecer y llevar a cabo la coordinación, el seguimiento y la supervisión, la suma de esfuerzos y recursos, así como la facilitación del trabajo de equipo, la definición y la clarificación de las funciones y responsabilidades de cada uno(a) de los participantes y del respeto de la autoridad conferida para el ejercicio de las mismas. Se verifica también que los responsables operativos del proyecto estén conscientes de la importancia de conocer con antelación sus funciones, el apoyo institucional que requieren y las coordinaciones necesarias para el ejercicio y cumplimiento de las mismas. Para que el personal pueda llevar a cabo las funciones de seguimiento, supervisión, evaluación y mejora continua, es fundamental que conozcan las formas de registro mensual de información programática, que tengan la capacidad de llenarlas de manera correcta y sigan el flujo que propone es sistema de información del proyecto. **¿Dónde?** En las instalaciones de la organización civil y en campo, es decir, en el área geográfica especifica en donde se escenificará el proyecto. **¿Quién?** El(a) responsable asignado(a) por parte de la organización (director(a) del proyecto) y, en su caso, las personas de la institución responsable de la capacitación y la asistencia técnica. Con la intención de facilitar la integración de los miembros del Consejo Directivo y del personal administrativo de la organización, es importante que participen de manera activa en la visita propiamente dicha o al menos en la reunión de conclusiones y recomendaciones de la misma. **¿Cómo?** Antes de la visita de capacitación inicial, empleando como fundamento, la experiencia trabajada con la organización a través de los cuatro (4) pasos previamente descritos. Con este propósito, la persona responsable del proyecto apoyada por las personas responsables de la capacitación y la asistencia técnica, elaborarán un programa de capacitación inicial el cual estará orientado a reforzar la capacidad técnica del personal responsable del proyecto (operativo y administrativo). La capacitación deberá ser diseñada de manera individualizada para cumplir con el propósito de esta visita específica. Su diseño deberá incluir objetivos de aprendizaje y una metodología de evaluación que permita medir el cumplimiento de los mismos. Por otra parte, si la persona responsable llega a detectar necesidades de capacitación temática relacionadas con el objetivo del proyecto, deberá proponer o solicitar a la organización la búsqueda de alternativas que contribuyan a satisfacer dicha necesidad. **¿Cuándo?** Después del primer mes al inicio formal del proyecto y antes del inicio del segundo mes. Para que esta visita surta el efecto deseado, requiere que los responsables del proyecto hayan tenido la oportunidad de haber vivido algo de la experiencia de lo que significa la implementación del proyecto en campo. **¿Con qué?** Empleando la información contenida en las recomendaciones de la revisión y análisis de la propuesta del proyecto, de la visita de inicio (y de las entrevistas realizadas), de la revisión y análisis de los planes de trabajo detallados, del programa de capacitación inicial y de los resultados de la evaluación de la capacitación inicial.

__Productos del 5º Paso__: Un reporte escrito de la visita de inicio, de la capacitación y la asistencia técnica impartidas, de la evaluación del estado en el que se encontraba el proyecto a uno o dos meses de haber iniciado y las conclusiones y recomendaciones que emanen de la visita referida, las cuales deben ser turnadas a la persona responsable del área, al personal administrativo y directivo de la organización, a los miembros del Consejo Directivo y, en su caso, a la agencia donante.

El 6º Sexto Paso: Revisión y análisis de informes (programático y financiero) del primer trimestre de operaciones del proyecto. **¿Qué?** Evaluar el avance del proyecto tanto en su aspecto programático, como financiero, teniendo como referencia los objetivos planteados en el proyecto (general y específico) y el presupuesto propuesto en el plan aprobado. **¿Para qué?** Para determinar el grado de avance del proyecto aprobado contra los objetivos específicos y sus metas; revisar el plan de trabajo detallado del personal operativo del proyecto por área de responsabilidad con relación a los objetivos específicos y las metas propuestas por ellos(as) para evaluar el rendimiento individualizado de cada uno(a) de los(as) participantes en el proyecto. Analizar el ejercicio presupuestal para comparar el gasto programado contra el gasto ejercido en el período que corresponde al informe. **¿Dónde?** En las oficinas de la organización y en la institución responsable de la capacitación y de la asistencia técnica. **¿Quién?** El(la) responsable del proyecto, el personal operativo y administrativo del proyecto y el personal asignado para el proceso de capacitación y asistencia técnica. **¿Cómo?** Mediante la lectura y análisis del informe de progreso (narrativo) y del informe financiero correspondientes al primer trimestre presentado por la organización responsable del proyecto con el objeto de determinar el grado de avance mediante la comparación de los objetivos específicos y las metas del proyecto aprobado con los logros alcanzados en el trimestre y la correlación de éstos con el gasto presupuestal ejercido esperado de acuerdo al tiempo de vida del proyecto. El análisis y la reflexión de dicha información proporcionará una visión integral del estado en el que se encuentra el proyecto después de su primer informe trimestral, permitiendo arribar a conclusiones y recomendaciones con base en dichos reportes. El análisis y la reflexión de la información debe ser tan profundo como sea posible, llegando incluso, a determinar los logros alcanzados durante el trimestre de cada uno de los participantes operativos en el proyecto, su grado de avance con relación a los objetivos y las metas que tienen planteadas. Finalmente, y después de esta tarea, se realizará un ejercicio de correlación entre los logros generales y específicos del proyecto en el período reportado para visualizar cómo es que éstos, contribuyen al logro de los avances reportados, hecho que permitirá dar peso y valorar la participación de cada uno de los responsables del proyecto. **¿Cuándo?** La primera semana que sigue una vez recibido el informe trimestral. **¿Con qué?** El análisis se llevará a cabo con los informes mensuales de avance y financiero y con el reporte trimestral respectivo que la organización debe tener listo para presentación dentro de los primeros 10 días que siguen a la terminación del período que comprende el informe (tres meses). En su caso, este informe deberá ser entregado también a la agencia donante y a la institución que está ofreciendo la asistencia técnica.

Productos del 6º Paso:* Un reporte por escrito del análisis del informe que incluya el conocimiento expresado a través de las conclusiones y las recomendaciones producto del análisis y la reflexión del informe, las cuales deberán ser ejecutadas por la organización implementadora como parte integral del proceso de mejora continua del proyecto. Las conclusiones y recomendaciones correspondientes deberán ser enviadas a la dirección de la organización y, en su caso, a la institución que proporciona la capacitación y asistencia técnica y a la agencia donante, dentro de los primeros 15 días después de haber recibido los informes referidos.

El 7° Paso: Visita de evaluación preventiva con fundamento en el primer reporte trimestral. ¿Qué? Hacer una evaluación preventiva del avance del proyecto. **¿Para qué?** Para valorar la práctica operativa del proyecto durante los primeros tres meses y el grado de avance del mismo. Así, la visita tiene como objetivos llevar a cabo un ejercicio de análisis y reflexión de manera conjunta con los responsables del proyecto y de la organización, de los resultados obtenidos para: a) conocer y profundizar en las posibles situaciones que se hayan presentado y que hayan afectado el desarrollo del proyecto; b) conocer aquellas acciones y actitudes que hayan facilitado el desarrollo del mismo; c) escuchar y proponer estrategias que mejoren el curso del proyecto. La visita incluye la revisión del sistema de reportes de la organización (qué, para qué, quién, cuándo, cómo y con qué se registra lo que se registra) y asegurar que lo informado corresponda a la realidad de lo que está sucediendo al interior del proyecto. El ejercicio de evaluación preventiva (entrevistas y observación directa), sirve también para detectar necesidades en las áreas de capacitación, ejecución, seguimiento y supervisión; alternativas para mejorar los logros cuantitativos y cualitativos del proyecto y, en caso necesario, para dar capacitación y asistencia técnica en servicio. **¿Dónde?** Esta acción se lleva a la práctica en las oficinas de la organización y en el campo de trabajo, acompañados por los responsables del proyecto. **¿Quién?** El responsable del proyecto, el personal operativo y administrativo del mismo y, en su caso, el personal responsable de la capacitación y asistencia técnica y el(la) oficial de programas de la agencia donante. **¿Cuándo?** Después de haber revisado a profundidad el primer informe (trimestral o cuatrimestral), se programa la visita de evaluación preventiva de común acuerdo entre la organización, el(la) responsable del proyecto y, en su caso, las personas que brindan capacitación y asistencia técnica y representantes de la agencia donante. **¿Cómo?** Realizar una reunión inicial en donde se presenta a todo el personal involucrado en el proyecto, los resultados del análisis del primer informe trimestral para su discusión y análisis. Después de la presentación se propone que las personas presentes en la reunión realicen un análisis y la reflexión de lo presentado. En el caso de que no se dé, el responsable de la reunión deberá facilitar, mediante preguntas específicas, los diferentes productos (percepciones, interpretaciones, conclusiones, recomendaciones, etc.) que puedan surgir de los(as) participantes como resultado del análisis y la reflexión[59]. Después de esto y previo acuerdo con los directivos de la OSC, se realizan visitas de campo, con el objeto de observar en la práctica la implementación del proyecto y realizar entrevistas con el personal operativo y con los beneficiarios del proyecto. La visita de campo y las entrevistas deberán ser estructuradas y programadas con base en los resultados del análisis del reporte trimestral, es decir, los objetivos de la visita de campo deben ser planeados con antelación (qué, para qué, con qué, quién, cuándo, cómo y con qué). Antes de dar por terminada la visita, se entrega un reporte preliminar de los hallazgos de la visita y se presentan algunas conclusiones y recomendaciones preliminares buscando obtener consenso con la organización y las personas que la operan, entendiendo que éstas tienen la intención de mejorar el desarrollo del proyecto. **¿Con qué?** La evaluación preventiva, después de recibir el primer informe trimestral y haber el análisis del mismo para arribar a las conclusiones y recomendaciones previas a la visita de campo. Para ésta, se realizarán entrevistas con el personal directivo, administrativo y operativo de la organización. Se realizará una visita de observación en campo en la cual, además, se realizarán entrevistas con los(as) beneficiarios(as) del proyecto, buscando siempre la congruencia entre lo informado, lo comunicado y lo observado por todas las partes que participan incluyendo los(as) beneficiarios(as).

Productos del 7º Paso: Un reporte escrito de la visita de evaluación preventiva con las conclusiones y recomendaciones respectivas las cuales fueron consensadas y aprobadas por la organización responsable del proyecto (documento con los respectivos nombres, puestos y firmas). Sin embargo, los productos más importantes de este paso fundamental lo constituyen *el pensamiento en grupo* que eventualmente deberá facilitar el *trabajo de equipo*, así como, el seguimiento y la supervisión de la ejecución de las recomendaciones que fueron acordadas por las partes como parte del proceso substancial de mejora continua. Un reporte

---

[59]   Ver capítulo 11 (procesos para definir logros, avances, problemas y obstáculos).

específico de esta actividad debe ser enviado a las diferentes partes que apoyan, asisten y que operan el proyecto.

El 8º Paso: Propuesta de capacitación y asistencia técnica específica con base en los resultados de la evaluación preventiva. ¿Qué? Elaboración de una propuesta específica de capacitación y asistencia técnica para la organización. **¿Para qué?** Para mejorar la capacidad técnica, gerencial y administrativa del personal involucrado en el proyecto, orientada a potenciar las fortalezas de los(as) participantes y a solucionar, en su caso, las situaciones u obstáculos que se hayan presentado en el curso de los primeros tres meses del proyecto. También para establecer de manera formal el proceso de mejora continua, proceso que se debe incorporar al trabajo cotidiano de la organización para que el proyecto en cuestión se torne más eficiente, más eficaz y con mayor calidad que contribuya a cumplir sus objetivos y produzca el impacto deseado. **¿Dónde?:** En las oficinas de la organización o, en su caso, de la institución de capacitación y asistencia técnica. **¿Quién?** El(la) responsable del proyecto en conjunto con el personal asignado que imparte la capacitación y proporciona la asistencia técnica. **¿Cuándo?** La propuesta de capacitación debe ser elaborada una vez entregado el reporte de la evaluación preventiva. Dicha propuesta debe realizarse dentro de los primeros cinco días hábiles después de haber entregado el reporte de la evaluación preventiva y deberá ejecutarse dentro de los primeros 10 días posteriores a la entrega del mencionado reporte para que tenga el impacto deseado. **¿Cómo?** La propuesta de capacitación y asistencia técnica específica se elaborará conteniendo sus objetivos de aprendizaje específicos, las actividades necesarias para llevar a cabo la capacitación y la asistencia técnica, las cuales serán ubicadas en tiempo (cronograma). Su diseño y estructura debe permitir la supervisión y la evaluación de los objetivos de aprendizaje considerados en ella; el proyecto como resultado de esta intervención particular debe demostrar su mejora en términos de eficiencia, eficacia y calidad. **¿Con qué?** La propuesta se elaborará sustentada en las conclusiones y recomendaciones que resultaron de la evaluación preventiva y que fueron consensadas por el personal directivo, el personal del proyecto y, en su caso, por el personal que proporciona la capacitación y la asistencia técnica (recomendaciones emanadas del séptimo paso).

Productos del 8º Paso: La presentación de una propuesta escrita que contenga objetivos específicos de capacitación y asistencia técnica enfocada a las áreas identificadas como oportunidades para mejorar, el cual se entregará a la organización implementadora y en su caso, con copia a la agencia donante. El acuse de recibo de la propuesta y una carta compromiso firmada por parte de la organización en la cual manifiesta el compromiso de implementar el plan de capacitación y asistencia técnica en el tiempo propuesto, la participación, en caso necesario de diversos especialistas que den asistencia técnica específica a las áreas programáticas y administrativas del proyecto. El incumplimiento del plan propuesto redundará en una recomendación para que la organización y, en su caso, la agencia donante decida suspender el financiamiento otorgado al proyecto.

El 9º Paso: Visita de seguimiento a la propuesta de capacitación y asistencia técnica específica. ¿Qué? Dar seguimiento y supervisar la implementación del plan de capacitación y asistencia técnica específica. **¿Para qué?** Para revisar los avances del plan de trabajo, el grado de cumplimiento de cada una de las recomendaciones propuestas, la evaluación del impacto de cada una de las recomendaciones en relación a la mejoría pretendida del proyecto y, de ser necesario, proporcionar capacitación en servicio. **¿Dónde?** En las instalaciones de la organización y en el área geográfica de trabajo (en campo). **¿Quién?** El(la) responsable del proyecto, el personal asignado al proyecto y responsable de la implementación de las recomendaciones propuestas y, en su caso, el personal responsable de la capacitación y la asistencia técnica, así como con los directivos y el personal administrativo de la organización. **¿Cuándo?** A partir del primer mes siguiente de haber efectuado la capacitación y la asistencia técnica específica y haber establecido los respectivos acuerdos. **¿Cómo?** Con la revisión, una por una, de las recomendaciones emanadas de la primera visita de evaluación preventiva, observando la forma y el tiempo en el que fueron puestas en práctica y evaluando los cambios esperados de cada una de ellas a partir de su implementación. Este ejercicio se lleva a cabo con el(la) responsable del proyecto en conjunto con el personal del proyecto y, según corresponda, con el(la) responsable de la capacitación y la asistencia técnica específica La revisión de dicho avance deberá profundizarse a través de la observación directa en campo y de entrevistas individuales con los responsables operativos, beneficiarios(as), directivos y administrativos. **¿Con qué?** Listado de las recomendaciones con las observaciones obtenidas del plan de capacitación y asistencia técnica, los resultados de la observación directa y de las entrevistas individuales.

Productos del 9º Paso: Un reporte que indique el grado de cumplimiento de cada una de las recomendaciones propuestas, la percepción del estado del proyecto y del impacto de la implementación de las recomendaciones en el avance del proyecto. En caso necesario produciendo otras recomendaciones que apoyen el proceso de mejora.

El 10º Paso: Revisión, análisis y productos del segundo trimestre del proyecto y *Productos del 10º Paso*. Igual que el paso # 6. El análisis incluye ahora seis meses de trabajo y la comparación de logros y gastos entre los dos primeros trimestres que deben reflejar a partir de los antecedentes, la mejora y la situación actual del proyecto.

El 11º Paso: Visita de evaluación preventiva con fundamento en los resultados del 2º trimestre y *Productos del 11º Paso*. Igual que el paso # 7.

El 12º Paso: Propuesta de Capacitación y Asistencia Técnica Específica con Base en los Resultados de la 2ª. Evaluación Preventiva y *Productos del 12º Paso*. Igual que el paso # 8.

El 13º Paso: Visita de Seguimiento a la Propuesta de Capacitación y Asistencia Técnica Específica y *Productos del 13º Paso*. Igual que el Paso # 9.

El 14º Paso: Revisión y análisis de los resultados del 3er. Trimestre y *Productos del 14º Paso*. Igual que los pasos # 6 y 10. El análisis incluye la revisión de los antecedentes y situación actual del proyecto.

El 15º Paso: Propuesta de capacitación y asistencia técnica específica con base en los resultados de la evaluación preventiva y *Productos del 15º Paso*. Igual que los pasos # 8 y 12.

El 16º Paso: Revisión y análisis de la evaluación final del proyecto. La evaluación final del proyecto es responsabilidad de la OSC. Así, la organización deberá presentar para su revisión y análisis la evaluación de resultados o rendimiento, es decir, debe presentar, con base en la información generada a través del año, el grado de cumplimiento de las metas específicas propuestas al inicio del proyecto, medidas en términos de porcentaje de cumplimiento. Dicho reporte debe ser acompañado de un informe narrativo que explique los logros alcanzados y los motivos de los mismos. La demostración del impacto social del proyecto se mide a partir del análisis comparativo de la información recabada de manera original a través de un instrumento diseñado con el propósito de establecer una LBD antes de la intervención, con la aplicación del mismo instrumento, en la misma población, después de la intervención con el objeto de medir y evaluar los cambios obtenidos a través de la comparación entre el antes y el después.

Los Productos del Paso 16º: Como producto de estas actividades, el(la) responsable del proyecto, en conjunto con el personal que participó en el mismo y, en su caso el personal de la institución de capacitación y asistencia técnica, deberán presentar un informe escrito de los resultados de la evaluación en las áreas de rendimiento, proceso e impacto. Con la referida información se construirá un documento en el que se demuestre el impacto social de las actividades realizadas en el cumplimiento de los objetivos planteados, es decir, la demostración objetiva del cambio o de los cambios generados como consecuencia de la intervención. Otro producto de este paso específico es la elaboración de un documento que contenga las conclusiones y las recomendaciones del primer año de trabajo una vez realizado el ejercicio de análisis y reflexión sobre los resultados obtenidos. Dichas recomendaciones obrarán en el sentido de hacer de este proyecto durante el año subsecuente, un proyecto que incluya una intervención más eficiente, más eficaz y de mayor calidad. Es precisamente sobre estas recomendaciones, en donde el proyecto sustenta su continuidad.

El 17º Paso: Plan de continuidad del proyecto. La responsabilidad de elaborar el plan de continuidad corresponde a la OSC, el cual debe fundamentarse en los siguientes elementos: a) El conocimiento y la

experiencia adquirida del primer año del proyecto. b) En los resultados
de la evaluación final (rendimiento, proceso y de impacto). c) En las
conclusiones y recomendaciones generadas por las personas participantes
en el proyecto mostrando, de una manera muy objetiva, el hecho de que
ahora todos(as) los(as) participantes desarrollan un papel activo en la
elaboración del plan de continuidad del proyecto y d) En las propuestas
especificas que entregue, como resultado, el ejercicio final de mejora
continua.

__El Producto del Paso 17º__: El Plan de Continuidad.

Impactos del Modelo de Capacitación y Asistencia Técnica:

Desde nuestra experiencia, sabemos que la aplicación sistemática del
modelo que presentamos tiene un impacto positivo en varios niveles:
en el personal, en el proyecto, en la organización y en las personas que
constituyen la razón de ser de la organización, los(as) beneficiarios(as).

Impactos en el Personal de la Organización y del Proyecto. La
implementación sistemática de esta serie de pasos facilitará el desarrollo
individual y profesional del personal de la organización. Como individuo
en el área de desarrollo humano y en la generación de capital humano.
Como profesional en las áreas gerencial, técnica y administrativa.
Adquirir la capacidad para reconocer los logros de su aportación al
proyecto, incrementará su nivel motivacional por la tarea que desempeña
en el seno de la organización al tomar conciencia que su participación
activa contribuyó a obtener los resultados alcanzados, experimentándose
como responsable directo de ellos y abonando, como consecuencia, a
la mejora de la confianza en sí mismo(a) y de su autoestima. Una vez
que la persona comienza a apropiarse del proyecto, a sentirlo suyo, que
se perciba como participante activo en la consecución de los objetivos
institucionales, se inicia el desarrollo del sentido de pertenencia. Así,
tendrá la oportunidad de descubrir la importancia de trabajar en equipo
y de vivir la experiencia para reconocer el valor de adoptar este modelo
de trabajo, como vehículo para alcanzar los logros y el impacto social
deseado en el curso de un proyecto. Estará con la posibilidad de darle
sentido y razón de ser a su trabajo, aprenderá de él, desarrollará su
capacidad y mejorará substancialmente, el interés que tenga por el
mismo. A través de su experiencia, obtendrá los elementos de que le

permitirán dejar de hablar exclusivamente desde la perspectiva teórica, al incorporar a ésta, la experiencia vivencial, sustentada por los logros obtenidos y los cambios originados a partir de su participación activa en el proyecto. Tendrá la capacidad para detectar a tiempo los problemas y, al mismo tiempo, para visualizar e implementar alternativas de solución que obren de manera directa en la eficiencia, en la eficacia y en la calidad de los proyectos que implementa. Generará un cambio de actitud que le permitirá pasar de un sujeto dependiente y pasivo a un sujeto activo, creativo, con iniciativas y propositivo de la tarea que lleva a cabo. Contribuirá a asegurar el uso y la aplicación de los recursos destinados al proyecto para cumplir con el propósito del mismo. Además, en el plano operativo, estamos seguros que la implementación de este modelo de capacitación y asistencia técnica sustentado en el proceso de mejora continua, contribuye a evitar que el personal de las organizaciones sociales caiga en la rutinización de la tarea, es decir, en el hacer por el hacer, factor que limita su creatividad, su actuar y su desarrollo.

Impacto en el Proyecto. La iniciativa contará, para su implementación, con personal altamente calificado que contribuirá al éxito del proyecto. Su participación mejorará la eficiencia, la eficacia y la calidad del proyecto que lleve a cabo y los proyectos que se lleguen a implementar en el seno de la organización, abonarán al cumplimiento de sus objetivos y de la misión institucional.

Impacto en la Organización. La organización desarrollará para convertirse en una institución que se caracterizará por su espíritu de servicio, por su profesionalismo, por ser costo-eficiente y costo-efectiva. La transparencia la manifiesta en todas sus acciones expresando el grado de desarrollo y madurez alcanzado. En su actuar, se expresa el hecho de que cumple a cabalidad con las responsabilidades que asume como compromiso y, cuenta también, con los elementos que le permiten demostrar que trabaja para servir a la población a la que se debe, la cuál su razón de ser. Se reiterará el hecho de que la organización cuenta y lleva a cabo proyectos que alcanzan sus objetivos que contribuyen al cumplimiento de la misión, la filosofía, los objetivos institucionales y que generan el impacto social esperado.

Impacto en los(as) Beneficiarios(as). La experiencia nos indica que ellos(as) recibirán un trato personalizado, eficiente y efectivo, con la mejor calidad de atención y de servicio posible. Vivirán la experiencia de que, independientemente de la alta calidad de sus servicios, es una organización que es social, económica y culturalmente accesible para ellos(as) sin ningún tipo de distingos sociales, raciales, económicos, políticos, culturales y religiosos. A través de la experiencia que tengan con la organización, llegarán a interiorizar la noción de que ellos(as), los(as) beneficiarios(as) constituyen la razón de la organización, que el personal se debe a ellos(as) y que, por consiguiente, les pertenece[60] en el amplio sentido de la palabra.

La experiencia que produce la puesta en práctica del referido proceso, la toma conciencia de la importancia y la trascendencia que tiene para los(as) beneficiarios(as), el trabajo que desempeñan en la organización es una experiencia que motiva, despierta la creatividad, desarrolla el talento y la capacidad (individual e institucional), genera mayor compromiso y conciencia social en el personal de la OSC. Por todos los motivos antes mencionados, este proceso contribuye al fortalecimiento, a la consolidación y a la sostenibilidad institucional.

"Tienes que hacer que ocurra"
Denis Diderot (1713 - 1784)

Una vez descrito el proceso de capacitación, asistencia técnica y la mejora continua que resulta de la implementación de los 17 pasos secuenciales a través del desarrollo de un proyecto, presentaré, a continuación, una serie de capítulos cuyo contenido contribuye a sustentar y a fortalecer la importancia y la puesta en práctica del proceso de la mejora continua, proceso que, estoy seguro, facilitará no sólo la comprensión, la asimilación y la internalización de los conceptos aquí presentados, sino la motivación requerida para proceder a su aplicación sistemática en la práctica cotidiana de cualquier programa y proyecto que lleven a cabo sus organizaciones.

---

[60] Diccionario de la Real Academia de la Lengua: Que es parte integrante de ella, que tiene derecho a ella, Edición Tricentenario, 2016.

CAPÍTULO SEIS

PERSPECTIVAS DEL PROCESO DE MEJORA CONTINUA: DE LA MISIÓN A LA FUNCIÓN

"Si no se tomara la vida como una misión, ésta dejaría
de ser vida para convertirse en un infierno"
León Tolstoi (1828 - 1862)

LA GRÁFICA RECIÉN PRESENTADA ubica a la Misión Institucional de
cualquier organización de la sociedad civil como la fuerza rectora y la
columna vertebral que sustenta los proyectos, los objetivos, las estrategias,
las actividades y las funciones de la organización, instituyendo que todo
el actuar institucional debe enfocarse y girar en torno a su cumplimiento.

"Uno debe intentar cosas que están más allá de su capacidad"
Auguste Renoir (1841 - 1919)

Antes de comenzar a desarrollar el proceso que se desprende de la misión hasta llegar a la función, se debe tener presente, al mismo tiempo, de manera simultánea y armónica con ésta, la visión que desean de su organización, es decir, hacia y hasta dónde quieren llevar a la organización en el futuro próximo.

> *"Toda misión constituye un vínculo de deber. Todo hombre y toda mujer deben consagrar sus fuerzas a su cumplimiento"*
> **Giuseppe Mazzini (1805 – 1872)**

Reiterando la frase de Peter Druker, la visión institucional se puede expresar no pensando en las decisiones que lleguemos a hacer en el futuro, sino en el futuro que tendrán nuestras decisiones presentes y, si éstas, nos llevarán a realizar ese sueño, es decir, si éstas impactarán positivamente en la culminación de la visión que la organización desea alcanzar. Regresando a la misión institucional, debemos reconocer que para asegurar la posición que ésta debe mantener en el contexto institucional, debe ser apoyada con los valores, la filosofía y la visión de futuro de la organización. A su vez, la misión, como eje rector de una organización, plantea una serie de cuestionamientos sobre los cuales debemos de reflexionar y obrar en consecuencia.

Partiendo de su definición: ¿Qué debemos hacer para lograr la misión institucional y satisfacer a sus beneficiarios(as)?; ¿Cómo puede el personal y el Consejo Directivo de la organización adquirir conocimiento, trabajar juntos y comunicarse para consensuar la visión que tienen de ella?, para alcanzar la misión, ¿Cómo debemos ver a los beneficiarios(as)? y si logramos el éxito, ¿Cómo debemos ver a los beneficiarios(as) y a nuestros financiadores?[61]

Con las perspectivas referidas que se derivan de las respuestas a cada una de las preguntas planteadas, la misión debe facilitar la definición del objetivo general y de éste, los objetivos específicos que deben ser

---

[61] Cuando me refiero a financiadores incluyo, incluyo también, a todos(as) aquellos(as) que pagan por el servicio y/o el producto que oferta la OSC, los(as) cuales, a través de dicho acto, contribuyen al sustento económico de la organización.

implementados con el propósito de cumplirlo. Ya definidos los objetivos, se debe desprender de cada uno de ellos, a su vez, una serie de actividades organizadas, ordenadas, ubicadas en el tiempo y secuenciales que incluyen la ejecución se una o más funciones y cuyo ejercicio permite el cada uno de los objetivos específicos establecidos. De esta forma, debemos aprender a visualizar que cada objetivo institucional, cada línea de acción y cada función que se lleve a cabo, lleva implícita la ejecución de uno o varios procesos específicos que conllevan la intención de producir un efecto y/o un resultado específico. Así, cada logro alcanzado aporta y suma al cumplimiento del objetivo general y de la misión institucional.

Representación Esquemática del Proceso Planteado: de la Misión a la Función:

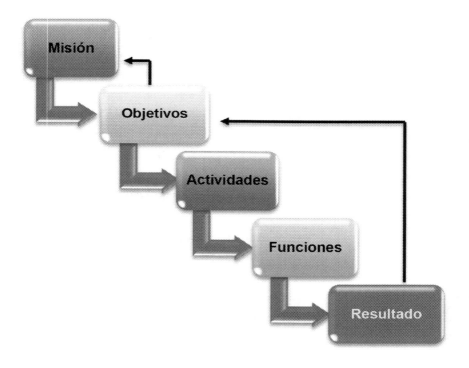

De esta forma y a través de esta secuencia de etapas o de pasos, establecemos un proceso general, sistémico e integral que nos permite

transitar desde la misión hasta la función para cumplir con una actividad o tarea específica que debe producir o contribuir a un resultado esperado. A su vez, la profundidad del conocimiento que se llegue a tener de este proceso permitirá determinar las necesidades de recursos humanos, materiales, financieros y de talento que son necesarios para que se lleven a efecto y se cumplan cabalmente. Este es, al menos desde mi perspectiva, el proceso rector del quehacer institucional. Visualizarlo de manera integral (sistémica)[62], permitirá que se llegue a entender el papel que desempeñan cada uno de los actores que participan activamente en el logro de la referida misión institucional.

> *El pensamiento sistémico es un camino para estudiar el comportamiento de los sistemas y cómo éstos se encuentran interrelacionados para influenciar sobre el crecimiento y la estabilidad. La estructura de un sistema social determina lo que pasa más allá de la suma de las acciones y objetivos individuales.*
> **Jay Wright Forrester (1918 -2016)**[63]

En la siguiente gráfica, se representa el ciclo completo, el cual inicia a partir de la misión para llegar a la función que facilita la consecución de los resultados esperados y, a partir de ellos, con el sustento de la información, el análisis y la reflexión, llegar a las propuestas específicas para establecer el proceso de la mejora continua.

---

[62]   Perteneciente o relativo a la totalidad de un sistema. Conjunto de cosas relacionadas entre sí de manera ordenada que contribuyen a determinado objeto, DLE Edición Tricentenario, 2016.

[63]   Jay W. Forrester, *The Systemic Basis of Policy Making in the 1990's*.

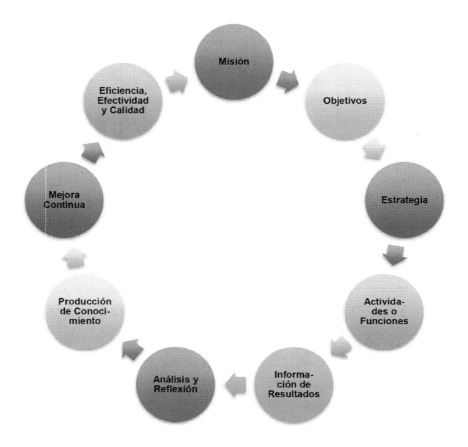

"Los hombres se equivocarán siempre cuando abandonen la experiencia en favor de sistemas originados en la imaginación"
Paul-Henri Thiry, Barón D'Holbach (1723 – 1789)

"El progreso y el desarrollo son imposibles si uno sigue haciendo las cosas tal y como siempre las ha hecho"
Wayne W. Dyer (1940 – 2015)

"Sólo cabe progresar cuando se piensa en grande, sólo es posible avanzar cuando se mira lejos"
José Ortega y Gasset (1883 – 1955)

CAPÍTULO SIETE

CERRANDO EL CICLO: DE LA FUNCIÓN A LA MEJORA CONTINUA,

"La mejor forma de predecir tú futuro, es creándolo"
Abraham Lincoln (1805 – 1865)

UNA VEZ DESCRITAS, DE manera general, las diferentes etapas y procesos que se dan a partir de la definición de la misión institucional, la cual forma parte de la visión operativo-sistémica de la organización y que siguen el desarrollo de la estructura analítica del marco lógico, continuaremos el proceso para cerrar el ciclo partiendo, ahora, desde la función para culminar el establecimiento del proceso de mejora continua, mismo que esperamos impacte positivamente en el cumplimiento de la misión y en la sostenibilidad institucional. Una vez culminado el ciclo, a partir de la propuesta de mejora, procederemos a dar inicio a un nuevo ciclo con los elementos de conocimiento que nos aportó el ciclo previo. En dicho contexto, pretendo de aquellos que adopten este proceso desarrollen, a través de la práctica y de la construcción de su propia experiencia, la capacidad técnica, gerencial y financiera necesaria que les permita ir edificando una organización que, conforme avanza el tiempo, comience a destacarse por tener una operación de clase mundial. Una organización que recibe la referida categoría es una organización que se distingue por ser una de las mejores en su campo y se mantiene en dicho nivel por méritos propios. Las organizaciones de clase mundial se caracterizan por exceder las expectativas de sus beneficiarios(as); practicar la mejora continua; tener una filosofía administrativa que se enfoca en mejorar de manera sistemática la eficiencia de sus operaciones; reducir sus tiempos de atención y de servicio; bajar los costos de operación; mejorar la eficacia todos sus procesos organizacionales; demostrar el impacto social de las acciones que lleva a cabo y por tener una visibilidad social preponderante.

> *"La belleza de cualquier clase en su manifestación suprema, excita inevitablemente el alma sensitiva hasta hacerle derramar lágrimas"*
> **Edgar Alan Poe (1809 – 1849)**

Una organización de clase mundial trabaja y dedica el mayor de sus esfuerzos para cumplir su misión, su filosofía, su visión y sus objetivos, dándole simplemente, *sentido a su razón de ser y de existir.*

> *"No importa que tan capaces lleguemos a ser, solo a través del enfoque[64],[65] es posible llevar a cabo cosas de clase mundial"*
> **William Gates (1955 - …)**

Alcanzar dicho nivel significa que su personal está plenamente comprometido con la organización a la que han consagrado sus vidas; que han podido desarrollar la capacidad técnica, gerencial, administrativa

---

[64]   Dirigir la atención o el interés hacia un asunto o situación específica desde unos supuestos previos para resolverlo acertadamente. DLE Edición Tricentenario.

[65]   Enfoque: Es el centro del interés o de la actividad. El acto de concentrar el interés o la actividad en algo. Enfocado: El que dirige su atención, interés y actividad hacia un propósito. New Oxford American Dictionary.

y financiera que les permite crear y sostener la calidad de sus proyectos organizacionales; que se han adelantado a su tiempo para constituirse en una organización innovadora, capaz de proponer nuevas metodologías costo-efectivas para operar proyectos que causen el impacto social que exige el cumplimiento de la misión institucional. Significa también, comprometerse por realizar un esfuerzo sostenido orientado a mejorar los procesos institucionales cada vez que surja la oportunidad de hacerlo, es decir, simplemente hacer el mejor esfuerzo que posibilite ofrecer a sus beneficiarios(as) la mejor atención y el mejor servicio posible.

La siguiente gráfica muestra el ciclo que incluye una operación de clase mundial.

Ciclo de la Operación de Clase Mundial:

Una organización con las características descritas requiere que, tanto el conjunto de sus recursos humanos, materiales y financieros, como la implementación de sus actividades, se enfoquen en el cumplimiento de la misión institucional y con la misma intensidad, en el(a) beneficiario(a)

de sus proyectos los cuales constituyen *el objeto y la razón de ser de la organización*. Requiere que su personal adopte una actitud que busca por *iniciativa propia*, informarse, capacitarse y educarse para adquirir las habilidades necesarias que favorezcan el ejercicio de sus funciones y el cumplimiento cabal de sus responsabilidades.

A la par del desarrollo personal y al grado de madurez alcanzada, el personal comienza a adoptar la actitud de ser incluyentes, trabajan en la gestión de la suma de esfuerzos y recursos; estimulan la formación y el trabajo en equipo; comparten su conocimiento y sus experiencias; manifiestan su disposición para obtener el cambio deseado; desarrollan la inteligencia apreciativa que les permite reconocer y valorar sus logros y los logros de sus compañeros(as); contribuyen activamente al establecimiento de la cultura institucional de la apreciación y buscan por todos los medios y desde su creatividad, la mejora continua de su quehacer cotidiano en aras de estar cada vez más próximo al cumplimiento de la misión y la visión institucional.

> *"Mira de cerca al presente que estas construyendo,*
> *debería parecerse al futuro que estas soñando"*
> **Alice Walker (1944 - …)**

> *"La humildad es el sólido fundamento de todas las virtudes"*
> **Confucio (571 a.C. – 479 a.C.)**

> *"La madurez se logra cuando una persona pospone*
> *placeres inmediatos por valores a largo plazo"*
> **Joshua Loth Liebman (1907 – 1948).**

Teniendo como sustento el enfoque y las actitudes referidas, cada persona que participa en el proyecto debe adoptar una actitud proactiva[66] que faculte al equipo de trabajo y se enfoque en los aspectos fundamentales de los procesos organizacionales, simplificándolos con el objetivo de agilizar la ejecución de la prestación de los servicios que contemplan los proyectos.

---

[66] Que toma activamente el control y decide qué hacer en cada momento, anticipándose a los acontecimientos.

"Todo tiene belleza, pero no todo el mundo puede verla"
Confucio (571 a.C. – 479 a.C.)

La participación propositiva[67] y proactiva del personal de la institución debe, promover también, una mejor funcionalidad y productividad; el desarrollo de la capacidad para prevenir la emergencia de situaciones que pudieran llegar a afectar el desarrollo del proceso y del proyecto; a que cada proceso que implementen, produzca el conocimiento necesario que asegure la toma de conciencia que facilite la incorporación de las mejores prácticas operativas al nuevo ciclo del proceso. Por último, la conciencia obtenida deberá ser empleada, también, para enfrentar, con eficiencia y eficacia, los retos que tendrán nuestras decisiones presentes en el futuro del proceso, del proyecto, de la organización y de la construcción de la visión deseada. El desarrollo de la estructura organizacional debe de centrarse en las necesidades institucionales; en la capacitación; en el reconocimiento y estímulo de sus activos institucionales; en la adquisición de la capacidad para incorporar él o los resultados de los procesos al análisis y reflexión sobre el trabajo llevado a cabo; en la ejecución de los procesos y, de cómo estos, abonan al cumplimiento de los objetivos y en la misión tanto del proyecto como de la organización. De esta forma, la reflexión que lleguen a efectuar de sus propios actos a través de la introspección[68], debe generar el conocimiento que sume a la experiencia y al desarrollo de recursos humanos creativos, que conozcan a la perfección el puesto y las funciones que desempeñan, que clarifiquen las responsabilidades que tienen y que identifiquen la importancia que tiene su participación y contribución en el cumplimiento de la misión institucional, su proceso rector, desarrollando como consecuencia su sentido de pertenencia y el arraigo a sus principios y a la institución.

El ejercicio de la función debe sustentarse en la claridad y la especificidad total con relación a la atención y al servicio a los(as)

---

[67] Dicho de una persona que es optimista y se encuentra inclinada a ver el aspecto favorable de las cosas. Desde el punto de vista filosófico el optimismo es una doctrina que atribuye a las cosas la mayor perfección posible.

[68] Diccionario de la Lengua Española: Reflexión interior que se dirige a los propios actos. Pensar atenta y detenidamente algo, Edición Tricentenario, 2016.

beneficiario(a)s, misma que debe ejecutarse en el contexto de una cultura de servicio institucional que responda a las necesidades y demandas de las personas. Dicha cultura, es la forma que nos distingue de los demás para competir, que nos hace diferentes, es en donde el servicio constituye un reflejo fiel de cómo es y cómo se hacen las cosas en la organización de la que forman parte.

"Si pudiéramos tener la cultura perfecta, la mayoría de los problemas relacionados con la provisión del servicio al(a) beneficiario(a), se arreglarían solos"
Tony Hsieh (1973 - ...)

El cumplimiento de cada una de las funciones que comprende la operación de un proyecto genera datos, que los compila para integrar una información valiosa que permite conocer el estado de un proyecto, que facilitará la implementación del seguimiento y la supervisión de las funciones que desempeñan cada una de las personas que participan en él y, permitirá ver como el buen ejercicio de éstas, han contribuido a la situación alcanzada por un proyecto en un momento dado y a los logros del proyecto en un período determinado de tiempo. El análisis y la reflexión de dicha información, así como las conclusiones que deben emanar de este proceso, producen el conocimiento necesario que aportan a la mejora de la función, al descubrimiento de las mejores prácticas, a la innovación de los procesos en los que el personal participa de manera activa, a la sistematización del proceso de mejora continua y, como consecuencia final, al logro de los objetivos y de la misión del proyecto y de la institución. Finalmente, una organización de clase mundial debe producir los resultados que se esperan de sus proyectos y éstos a su vez, generar la información necesaria que permita demostrar el impacto social de los mismos.

EL AMBIENTE DE LA FUNCIÓN:

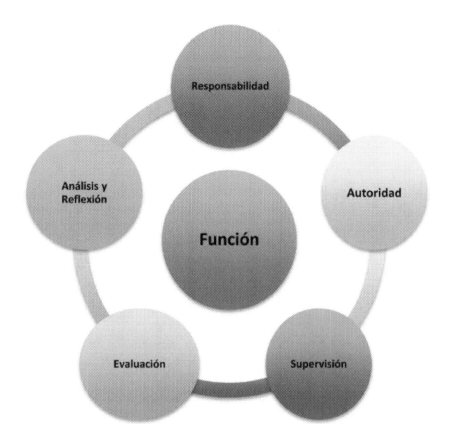

Partiendo de la asignación de la función y la capacitación correspondiente para que la persona la pueda llevar a cabo, existen cinco elementos fundamentales en el ambiente del desarrollo de una función, los cuales se muestran en la siguiente gráfica: 1) La responsabilidad que se adquiere al aceptarla. 2) La autoridad que se le delega para poder cumplir cabalmente con la responsabilidad encomendada. 3) La supervisión que se debe realizar para asegurar que se lleven a cabo cada una de las funciones encomendadas. 4) La evaluación que se hace de los resultados específicos que se obtienen como consecuencia del ejercicio de la función y 5) El análisis y la reflexión del proceso llevado a cabo y de los resultados obtenidos.

"El futuro de tu organización está determinado por que tan
bien y que tan rápido aprendes, te adaptas y mejoras"
Jack Grayson (1923 – 2017)

"El único verdadero viaje de descubrimiento consiste no en
buscar nuevos paisajes, sino en mirarlos con nuevos ojos"
Marcel Proust (1871 - 1922)

El proceso del establecimiento de las funciones conlleva la ejecución de un cuidadoso y muy riguroso proceso de selección de personal, el cual debe realizarse a partir de la descripción del perfil que se requiere para el puesto para el que se le quiere contratar en la organización, de una serie de entrevistas llevadas a cabo por las personas claves que participan en el proyecto (organización) a las cuales se van a incorporar la evaluación de actitudes, conocimientos y prácticas con la firme intención de realizar el mejor proceso de selección de personal posible.

"El(a) administrador(a) más valioso(a), es aquel o aquella que capacita
a su personal para que llegue a ser mejor que él o que ella"
Robert Green Ingersoll (1833 – 1899)

Una vez que la persona es seleccionada, debe pasar por un proceso de inducción que incluye *tres o cuatro etapas diferentes*: 1) La inducción a la organización. 2) La inducción al área (en el caso de que esta maneje dos proyectos o más). 3) La inducción al proyecto y 4) La inducción al puesto.

A través de este proceso inductivo[69], se hace una introducción integral al puesto, la cuál parte de lo general a lo particular, permitiendo que el empleado que ingresa, pueda contextuar las funciones que le son encomendadas en el ambiente global de la organización.

---

[69]   Inducción. Mover a alguien a algo o darle motivo para ello. DLE Edición Tricentenario. La acción o proceso de introducir a alguien a un puesto o a una organización. La introducción formal a un nuevo puesto o trabajo. Tener éxito para persuadir o influenciar a alguien para que haga o lleve a cabo algo. New Oxford American Dictionary.

Contextuar su participación organizacional le permite al(a) nuevo(a) empleado(a) conocer de entrada, el papel, la importancia y la responsabilidad que tiene el puesto que se le pide desempeñar con relación al logro de los objetivos y de la misión de la organización.

Durante la operación y desarrollo de determinado proceso es fundamental, que cada una de las personas que intervienen en él, asuman las funciones que les corresponden para el buen desempeño de las actividades que le corresponden.

De manera muy específica, el(a) director(a) realiza la inducción institucional al proyecto, al programa y a la jefatura de área y ésta, a su vez, lleva a cabo la inducción al área y al puesto, proceso que también es apoyado por el personal de recursos humanos y por el personal con mayores calificaciones y experiencia en el puesto al que se integrará el nuevo elemento.

En dicho contexto, el(a) director(a) general capacita, asigna y delega funciones, responsabilidades y autoridad, a su director o jefe de área y éste, a su vez, hace lo respectivo con los(as) supervisores(as) y estos(as) al personal del que son responsables. El proceso se describe en la siguiente pagina.

El Proceso de Inducción:

Selección y contratación	• *Perfil de puesto, evaluación de actitudes, conocimientos y prácticas, así como un estudio psicométrico, contratación temporal y contratación definitiva.*
Inducción institucional	• *Misión, objetivos, visión, filosofía, valores, proyectos, resultados y logros.*
Inducción al área	• *Misión, objetivos, visión, proyectos, resultados y logros, contribución a la misión Institucional.*
Inducción al proyecto o al programa	• *Misión, objetivos, resultados, logros y contribución a la misión institucional y programática.*
Inducción al puesto	• *Objetivo del puesto, asignación de funciones, capacitación inicial, entrega por escrito de funciones, definición de responsabilidades y delegación de autoridad, líneas de dependencia y comunicación, personal a su cargo, seguimiento, supervisión y evaluación.*
Nivel y función I	• *Dirección, capacitación, delagación de funciones, responsabilidades y autoridad, supervisión, evaluación, análisis y reflexion, mejora continua.*
Nivel y función II	• *Supervisión, capacitación, delagación de funciones, responsabilidades y autoridad, supervisión, evaluación, análisis y reflexion, mejora continua.*
Nivel y función III	• *Operación, ejercicio de la función, asumir responsabilidades, ejercer autoridad conferida, análisis y reflexion sobre funciones ejercidas, mejora continua.*

De la Información. Una vez realizado la inducción institucional al puesto y habiendo establecido y delegado las funciones que le corresponden a cada una de las personas que participan en la operación de la organización, sigue en el contexto del sistema de información del proyecto (o de la organización), que cada una de las personas que cumplan, entre otras más, con una de sus funciones fundamentales: el registro de las actividades que desempeñan con relación al ejercicio del resto de sus funciones.

El ejercicio de la actividad es posible como consecuencia de la realización de una o más funciones, las cuales, en el contexto de un proyecto deben ser registradas en formatos que son elaborados con el propósito específico de registrar la información que generan. El sistema de información, entre otros componentes, debe tener la serie de formatos que permitan el registro de las actividades de cada una de las áreas operativas y administrativas de la organización: por área, por jefatura de servicio o administrativa y por proyecto. Dichos formatos deben ser diseñados de acuerdo a las necesidades específicas de información de cada uno de los niveles operativos y administrativos, por lo que su respectivo llenado, debe ser responsabilidad de cada una de las personas que operan en los niveles referidos. La compilación de todas las áreas institucionales permite integrar el informe del proyecto o de la organización.

El punto de partida de la información debe seguir el flujo que se inicia con la información que genera el personal operativo, el que está en contacto con el(a) beneficiario(a) y en la operación del día a día. Ellos(as), a su vez, tienen la responsabilidad de reportar al(a) supervisor(a) o a su jefe(a) inmediato superior y éste(a), elabora y entrega su propio informe y la compilación de reportes de sus colaboradores al(a) jefe(a) del departamento o del servicio o del área. Éste(a), compila la información recibida con la que elabora un reporte que debe entregar al(a) director(a) del proyecto y éste(a) al(a) director(a) de la organización y éste(a) al consejo directivo de la organización. El flujo referido tiene el propósito de integrar la información generada en un período determinado de tiempo del proyecto (o la organización).

Una vez que se integra la información de cada uno de los niveles operativos del proyecto, viene una nueva fase, misma que le comienza a dar sentido y razón de ser al sistema de información: el análisis y su reflexión con el propósito de arribar a diversas conclusiones que serán empleadas durante el proceso de supervisión, las cuales deben tener como referencia, el plan de trabajo del proyecto a supervisar. Una vez hecho esto y acompañados del personal administrativo y el personal operativo, se procede a realizar el ejercicio de supervisión.

Con dicha base, la supervisión incluye una visita de campo en donde se lleva a cabo una observación estructurada para prestar atención al personal en el ejercicio de sus funciones, ver y registrar sus actitudes y conductas con relación a sus compañeros(as) de trabajo y con los(as) beneficiarios(as).

Esta incluye, con el propósito de obtener una visión integral, la ejecución de una serie de entrevistas con las personas que participan en la operación (personal asalariado y voluntario) y con los(as) beneficiarios(as). Dichas entrevistas se fundamentan en las conclusiones que fueron obtenidas a través del análisis de los reportes y de la visita de campo.

Dicha visita, permite evaluar al personal responsable de acuerdo con su nivel de participación con relación al ejercicio de su función, a la generación de resultados, a la calidad de atención y servicio, así como al grado de satisfacción del personal y del(a) beneficiario(a).

Por otra parte, el personal administrativo tiene la responsabilidad de elaborar el reporte financiero del proyecto, compartirlo con el(a) director(a) del proyecto para que lo integre al resto de la información generada por el proyecto y realice en conjunto con éste, un análisis operativo-financiero buscando la correlación correspondiente entre el ejercicio presupuestal y el avance programático reportado.

Flujo de Información:

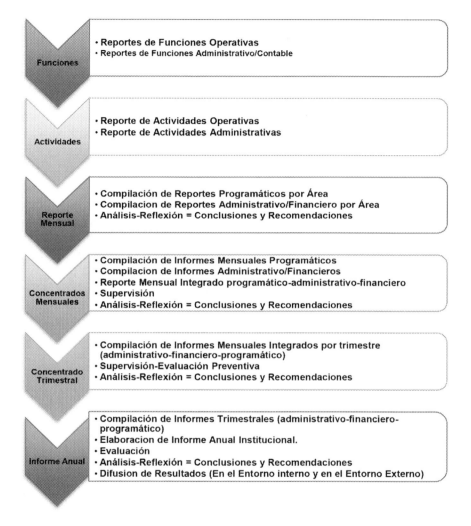

Funciones
- Reportes de Funciones Operativas
- Reportes de Funciones Administrativo/Contable

Actividades
- Reporte de Actividades Operativas
- Reporte de Actividades Administrativas

Reporte Mensual
- Compilación de Reportes Programáticos por Área
- Compilacion de Reportes Administrativo/Financiero por Área
- Análisis-Reflexión = Conclusiones y Recomendaciones

Concentrados Mensuales
- Compilación de Informes Mensuales Programáticos
- Compilacion de Informes Administrativo/Financieros
- Reporte Mensual Integrado programático-administrativo-financiero
- Supervisión
- Análisis-Reflexión = Conclusiones y Recomendaciones

Concentrado Trimestral
- Compilación de Informes Mensuales Integrados por trimestre (administrativo-financiero-programático)
- Supervisión-Evaluación Preventiva
- Análisis-Reflexión = Conclusiones y Recomendaciones

Informe Anual
- Compilación de Informes Trimestrales (administrativo-financiero-programático)
- Elaboracion de Informe Anual Institucional.
- Evaluación
- Análisis-Reflexión = Conclusiones y Recomendaciones
- Difusion de Resultados (En el Entorno interno y en el Entorno Externo)

Ya integrada toda la información documental emanada de la supervisión (indirecta y directa) y del análisis del ejercicio presupuestal, el(a) director(a) del proyecto convoca al grupo para que se lleve a cabo una segunda fase de análisis y reflexión de toda la información compilada, haciendo énfasis en los hallazgos que resultaron del ejercicio de supervisión realizado. Así, el grupo en su conjunto, a través del pensamiento y la participación grupal, podrá definir por consenso, las conclusiones y establecer las recomendaciones que deben obrar en la mejora de la eficiencia, la eficacia y la calidad del proyecto, mismas que se aplicarán y se les dará seguimiento, durante el nuevo ciclo.

La gráfica que presentamos en la siguiente pagina, representa el proceso descrito relacionado con el ejercicio de la función, mismo que culmina con el análisis y la reflexión cuyo propósito final es la generación de conocimiento que debe ser aplicado a la mejora de la misma. No debemos olvidar que este proceso se lleva a la práctica con el propósito de ejercer una función y que la intención final de ésta es la satisfacción de las necesidades y demandas de nuestros(as) beneficiarios(as).

"La satisfacción es la única señal de la sinceridad del placer"
André Gide (1869 -1951)

"La satisfacción completa será totalmente nuestra, si dejamos que nuestros corazones nos guíen"
Chinmoy Kumar Ghose (Sri Chinmoy) (1931 – 2007)

El Ejercicio de la Función:

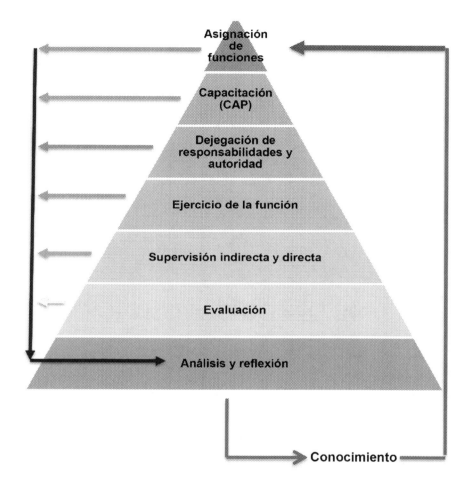

"La sociedad más rica que jamás ha habido en el mundo se ha hecho rica concibiendo formas cada vez mejores de darle a la gente lo que quiere"
Michael Lewis (1960- ...)

"Donde hay satisfacción no hay revoluciones"
Confucio (571 a.C. – 479 a.C.)

CAPÍTULO OCHO

EL MODELO DE CAPACITACIÓN DE CAPACITADORES

LA CAPACITACIÓN CONSTITUYE UNA pieza fundamental para la implementación sistemática del proceso de mejora continua. Con esta perspectiva, la capacitación se enfoca en el desarrollo de la capacidad técnica, gerencial y financiera tanto del personal que participa en el proyecto, como de la organización. En el caso de una Organización de la Sociedad Civil, tanto el(a) director(a) como el(a) jefe(a) de área, el(a) jefe(a) de departamento o de proyecto y el(a) supervisor(a) de determinado proyecto, tienen funciones directamente relacionadas con la gestión administrativa de una función, un proceso, un proyecto y una organización. De allí la importancia de desarrollar la habilidad y la capacidad necesaria para llevar a feliz término la gestión gerencial de sus respectivas áreas.

"El conocimiento gerencial es una estrategia consciente para ofrecer el conocimiento adecuado y preciso a las personas adecuadas en el momento adecuado. Es ofrecer el apoyo necesario para que el personal comparta y ponga sus conocimientos a trabajar, orientándolos a mejorar el actuar de una organización"
O'Dell & Grayson, 1998 en USA, Management

"El conocimiento gerencial se debe dar a partir de las fortalezas institucionales existentes que se han puesto en práctica con relación al sistema de información gerencial, del cambio con respecto a su administración y de las prácticas de la administración de los recursos humanos de la organización y de sus proyectos"
Prusak & Davenport, 1988 en USA, Management

Considerando la importancia de la capacitación y sin descuidar el énfasis que se debe hacer en las personas que tienen por su posición una función gerencial, ésta debe ser accesible a todas las personas que integran la organización. Uno de los primeros aprendizajes que tuve en la organización para la que trabajé, fue el hecho de que las acciones relativas a la información, la educación y la capacitación, fueron los elementos que generaron la demanda de servicios. Es decir, gracias a estas acciones específicas, fue posible generar una demanda de servicios. Así, la demanda de servicios nació de la búsqueda informada y consciente que se originó a partir de un proceso de información, educación y capacitación, proceso que ofreció al(a) beneficiario(a), la oportunidad de cambiar su actitud y conducta para mejorar un aspecto de su vida o para obtener una oportunidad para su desarrollo.

Esta experiencia le daba a la organización otra dimensión, ya que la convertía en una institución que orientaba y centraba sus acciones en la información, la educación y la capacitación para convertir a su personal en facilitadores del proceso de cambio. Esta filosofía, esta actitud y este propósito institucional constituyen el deseo de compartir con ustedes para que asuman su responsabilidad y conviertan a su organización en una organización que emplea estos elementos claves y esenciales para generar el cambio individual, familiar y social.

"La educación no cambia al mundo, cambia a las personas que van a cambiar el mundo."
Paulo Freyre (1921 – 1997)

El modelo de capacitación de capacitadores tiene varios propósitos: a) Asegurar el acceso a la capacitación a todos los niveles administrativos y operativos de la organización. b) Producir multiplicadores del proceso de capacitación orientado al desarrollo de toda una infraestructura organizacional de información y capacitación. c) Aprender la importancia que tiene para la vida de la organización y de un proyecto, la delegación de responsabilidades y de autoridad. d) Adquirir la madurez necesaria para poder delegar la responsabilidad y la autoridad de la capacitación en terceras personas. e) Desarrollar la capacidad institucional para que el trabajo de información y capacitación se lleve a cabo con unidades cada vez mayores. f) Construir un Modelo capacitación de capacitadores que prevea y responda al crecimiento institucional para sostener, con calidad, la cobertura de sus procesos de información, educación y capacitación. g) Poner en práctica diversas estrategias de capacitación que sean, al mismo tiempo, complementarias, fortalecedoras y potencializadoras del desarrollo individual y organizacional. h) Registrar la información que produce la puesta en práctica del modelo, el cual incluye su supervisión, su evaluación para poder proceder al análisis y a la reflexión sobre los resultados obtenidos para hacer de este un modelo que incluya en su contexto la mejora continua.

En dicho contexto, la capacitación incluye las diferentes dimensiones del conocimiento las cuales son, el conocimiento mismo, el cambio de las actitudes y conductas generadas a partir de dicho conocimiento y la incorporación a la práctica del conocimiento, las actitudes y conductas adquiridas, en beneficio de las personas a las que servimos y a las que nos debemos.

El Modelo de Capacitación de Capacitadores

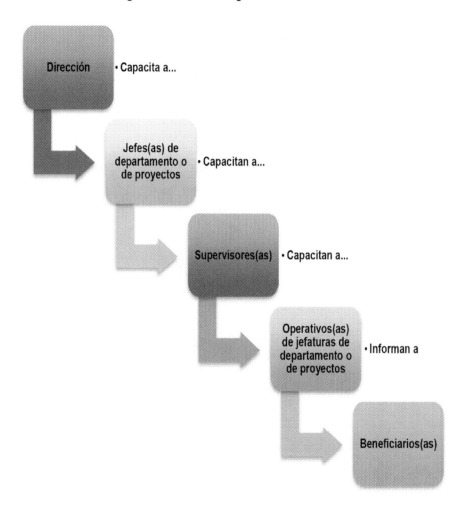

La operación de este modelo incluye, como ya lo había mencionado, varias acciones de especial relevancia, la supervisión, la evaluación, el análisis y la reflexión del proceso para generar el aprendizaje-conocimiento[70] y la actitud que aporte a la mejora continua del proceso de capacitación de capacitadores. El esquema se presenta en la siguiente gráfica:

---

[70]   Aprender es el acto de adquirir conocimiento a través del estudio o de la experiencia y conocer es entender las cosas por el ejercicio de las facultades intelectuales.

Supervisión-Evaluación del Modelo de Capacitación de Capacitadores

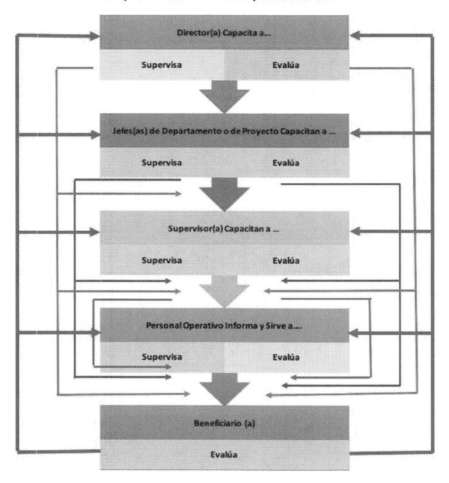

En este esquema, el(a) director(a) capacita a los(as) jefes(as) de departamento, supervisa y evalúa la capacitación que proporcionan los(as) jefes(as) de departamento o de proyecto, a los(as) supervisores(as), al personal operativo. Los(as) jefes(as) de departamento o proyecto capacitan a los(as) supervisores(as) a su cargo, supervisan y evalúan la capacitación que estos proporcionan al personal operativo y la función que el personal operativo desarrolla en su relación con el(a) beneficiario(a). Los(as) supervisores(as) capacitan, supervisan y evalúan al personal operativo y también, supervisan y evalúan el desempeño de la función del personal operativo en su relación con los(as) beneficiarios(as). A su vez, los(as) beneficiarios(as) evalúan cada uno de los niveles que intervino en la atención o en la prestación del servicio, la cual se puede extender hasta el(a) mismo(a) director(a). De esta forma, todos los elementos de la estructura organizacional tienen la experiencia de ser capacitados(as) y capacitadores(as), de ser supervisores(as) y supervisados(as) y, paralelamente, son también evaluadores(as) de la capacitación, la supervisión y el desempeño de la función que otros(as) proporcionan y ser evaluados(as) en los tres niveles referidos (capacidad-supervisión-desempeño).

En el mismo sentido de la cascada del modelo de capacitación de capacitadores, se debe asegurar que cada una de las personas de cada nivel operativo conozca sus funciones, adopten sus respectivas responsabilidades y obtengan de las personas de las que dependen, la autoridad que les permita el cumplimiento de sus responsabilidades.

Así y como resultado del proceso de *establecer-delegar-otorgar*, cada miembro de la organización deberá conocer de manera específica sus funciones, estar capacitado(a) para llevarlas a cabo, conocer cuál es el papel y la importancia que juega el ejercicio de la función que lleva a cabo con relación al cumplimiento de los objetivos programáticos y cómo esto, aporta a la consecución de la visión, la misión y los objetivos organizacionales y cuál es la autoridad con que cuenta para el libre y armónico desempeño de las mismas.

Un aspecto fundamental en el ejercicio de la función es que existen, de manera general, dos tipos de funciones, las funciones administrativo-gerenciales que corresponden a las personas que ocupan la dirección, las jefaturas de servicio, las coordinaciones de proyectos y los puestos de supervisión y aquellas que se circunscriben a la operación. Con esta perspectiva, el desarrollo de la función y el proceso de mejora continua exige que cada una de las partes se dedique a cumplir con sus funciones: unas, las administrativo-gerenciales y, otras, las operativas. Sin embargo, debo reconocer la existencia de un tercer tipo de función: la mixta, es decir, aquella en donde el personal desarrolla funciones administrativo-gerenciales y operativas.

Además, la referida diferenciación no implica que, por circunstancias institucionales especiales, las personas que se dedican a funciones administrativo-gerenciales se puedan involucrar en la operación y las personas operativas en funciones administrativo-gerenciales, sin olvidar las funciones de las que cada persona es primariamente responsable.

Las funciones de las direcciones (generales, de área y departamento), de las jefaturas de departamento, de las coordinaciones de proyecto y de las áreas están diseñadas para el seguimiento y la supervisión deben de circunscribirse a la: a) Selección de personal; b) Inducción institucional (a la organización, al área, al proyecto y al puesto); c) Capacitación y asistencia técnica; d) Definición y establecimiento de funciones; e) Delegación de autoridad para el ejercicio de la función; f) Compilación de información relacionada con la operación del personal a su cargo; g) Supervisar al personal en el ejercicio de sus funciones a través de la observación y las entrevistas e, indirectamente, a través de la información generada por la operación del proyecto; h) Generar la información relacionada con el desempeño de su cargo; i) Elaborar y presentar los informes mensuales correspondientes (programáticos y financieros); j) Promover y facilitar el trabajo en equipo; k) Liderar y realizar de manera individual y con su equipo de trabajo, en tiempos distintos, el análisis y la reflexión de la información generada; l) Presentar, a quien corresponda, las conclusiones y recomendaciones que surgen del análisis y la reflexión de la información. m) Elaborar un plan de intervención con las recomendaciones que emanen del análisis y la reflexión; n) Facilitar la aplicación del aprendizaje generado a la mejora de los procesos que competen al área de su responsabilidad; o) Evaluar al personal a su cargo con referencia al ejercicio de la función, a la relación y el trato a los(as) beneficiarios(as) de los servicios, así como a la calidad de atención y servicio que se presta (satisfacción del(a) beneficiario(a) y p) Asegurar que las recomendaciones que emanen del análisis y la reflexión se pongan en práctica.

Como se habrán dado cuenta, los niveles descritos no contemplan funciones relacionadas directamente con la operación de un proyecto o de un servicio. Estas se circunscriben fundamentalmente a la gestión del proyecto o del área correspondiente (planeación, la organización, la dirección, la capacitación, la supervisión y la evaluación). Solo en casos extraordinarios, su participación será importante en la operación sin olvidar nunca la frase del creador de Mafalda:

"Lo urgente nos quita tiempo para lo importante"
Joaquín Salvador Lavado –Quino- (1932 - …)

"El destino no es cuestión de casualidad, es una decisión y en nuestro caso, es el resultado de un proceso que involucra diversas tomas de decisión"
Williams Jennings Bryan[71] **(1860- 1925)**

"El trabajador aislado es el instrumento de fines ajenos; el trabajador asociado, es dueño y señor de su destino"
José Enrique Rodó (1871 - 1917)

---

[71]   Modificado para propósitos del libro.

CAPÍTULO NUEVE

DE LOS PROCESOS

"La emoción[72] es la principal fuente de los procesos conscientes.
No puede haber transformación de la obscuridad a la luz,
ni de la apatía al movimiento sin emoción"
Carl Gustav Jung (1875 – 1961)

Habíamos mencionado, en el capítulo de las definiciones, que el proceso es un conjunto de actividades o fases sucesivas que interactúan entre sí para alcanzar un resultado. Es también el conjunto de recursos y actividades interrelacionados que transforman los elementos de entrada (*input*) en elementos de salida (*output*). Así, el objetivo central de

---

[72] Un estado natural instintivo de la mente que se deriva de diversas circunstancias. Un sentimiento instintivo o intuitivo que se distingue del razonamiento o el conocimiento. Interés, generalmente expectante, con la que se participa en algo que está ocurriendo. Alteración del ánimo intenso y pasajero que va acompañada de cambios somáticos. New Oxford American Dictionary, DLE Edición Tricentenario.

cualquier proceso es producir *un resultado*, es transformar lo que entra en el resultado esperado que deseamos que salga o que sea producido. En el caso del proceso de mejora continua, su objetivo es la firme intención de que el resultado que produzcamos o que obtengamos de él, sea cada vez mejor, más eficiente, más efectivo, de más calidad y que proporcione, como consecuencia en el(a) beneficiario(a), una mayor satisfacción. Por, sobre todo, la conformación de un proceso es consecuencia de un acto de creación, cuyo resultado, independientemente de cuál sea éste, produce en la(s) persona(s) que participaron en él, una emoción.

Si visualizamos a la organización como un gran sistema que contiene múltiples procesos, la suma de los resultados de todos ellos debe reflejarse en el cumplimiento de la misión institucional.

De este gran proceso, los objetivos estratégicos de la organización se describen a partir de tres tipos diferentes de procesos, los cuales, una vez integrados, conforman el mapa de institucional de procesos estratégicos. Estos son: a) los procesos rectores, que rigen, dirigen, gobiernan o guían a la organización y a su personal para que impacte positivamente y de manera significativa en los objetivos estratégicos, b) los procesos habilitadores, que facilitan la consecución de los objetivos estratégicos, proporcionando las bases, los cimientos y la capacidad individual, grupal e institucional para llevarlos a efecto y c) los procesos que agregan valor a los objetivos dándoles la importancia y significancia que tienen. Asignarle a cada uno de los procesos descritos, el papel que desempeñan en un sistema, que permita visualizarlos como un todo integrado que le da sentido a cada uno de los objetivos de la organización y que deja en claro la razón de ser de cada uno de ellos: *el cumplimiento de la misión.*

Independientemente del tipo de proceso al que corresponda cada uno de los objetivos institucionales, su consecución implica la puesta en práctica de uno o de varios procesos los cuales se encuentran integrados por varias etapas en donde cada una de ellas contempla el desarrollo y la implementación de ciertas actividades (funciones) y cuyos resultados, en su conjunto, aportan al cumplimiento de determinado objetivo institucional.

A partir de la función, su conjunto integra una actividad, el conjunto de éstas, interrelacionadas definen una línea de acción, la cual, sumada a otras líneas de acción, contribuyen a la consecución de un objetivo, el cual, junto con otros objetivos, aportan al cumplimiento del objetivo general y de la misión institucional.

En cada fase hasta llegar al fin último, se llevan a cabo una serie múltiples procesos los cuales deben estar íntimamente interrelacionados[73] para poder cumplir el objetivo final esperado y deseado. Lo que acabamos de describir, le podríamos llamar la visión sistémica de los procesos institucionales, los cuales, por su naturaleza, le dan relevancia y destacan la importancia del papel que desempeña cada una de las personas que participan y cada una las funciones y de las actividades que realizan para cumplir con la tarea encomendada y, a su vez, el cumplimiento de todas las tareas permite el logro de los objetivos y la misión institucional. Dicha importancia se explica claramente con la siguiente frase popular:

"Si falla una función, fallan todas; si falla uno(a)
de nosotros(as), fallamos todos(as)"

El desarrollo y la asimilación de la visión sistémica por parte del personal que participa en la organización, le permite concebir la importancia que tiene su participación en el contexto institucional, lo que le permite valorar la importancia de sus funciones y desarrollar el sentido de pertenencia y la integración de equipos de eficientes y efectivos que procuran, de manera propositiva, la interconexión con otros equipos para sumar y constituir el todo organizacional.

Ver a la función como un proceso, nos permite saber en dónde comienza y en dónde termina cada una de las etapas que debemos llevar a cabo para completar el ejercicio de la función y producir el resultado esperado. Pensar en las diferentes fases que deben ser seguidas durante el ejercicio de la función encomendada, permite descubrir las tareas que deben ser llevadas a cabo en cada una de ellas e identificar y definir, además, quién es la(a) persona(s) responsable de llevarla(s) a cabo. A quien le toca qué y quien es responsable de qué.

---

[73] Correspondencia mutua entre dos o más personas, cosas o fenómenos, Acción o efecto de unir, DLE Edición Tricentenario.

Una vez definido lo anterior se debe proceder a establecer los mecanismos de seguimiento y de supervisión que permitirán cuidar el desarrollo de la ejecución de la función y cuestionar, en su momento: si el proceso que se está llevando a cabo; si éste sigue el flujo predeterminado; si las personas que se involucran en el ejercicio de determinada función lo están haciendo; si las personas que están participando están caminando en la misma dirección y, una vez realizado este análisis, valorar si se obtuvo el resultado esperado y deseado que constituía el objetivo del proceso (*su output*).

Una vez terminado el proceso, es importante darse el tiempo necesario para analizar y reflexionar sobre la ejecución del mismo durante en el desarrollo de la función que acaba de realizar, desde su inicio hasta la obtención del resultado final y evaluar 1) si la realización de dicho proceso fue necesario para obtener el resultado, 2) si las fases llevadas a cabo fueron necesarias, 3) si faltaron fases o se pudieron obviar fases y 4) si el resultado logrado era el esperado.

Después de leer con atención los párrafos anteriores, se podría llegar a pensar que el camino propuesto es un camino muy largo y minucioso y, quizá hasta tedioso, sin embargo, les puedo decir, compartiendo mi propia vivencia en el mundo de procesos y proyectos, que en la medida en que lo practiquen, en la medida en que a través del análisis y la reflexión comiencen a generar el conocimiento que les facilite la creación de un nuevo proceso que dé mejores resultados y le produzca mayores gratificaciones, en esa misma medida la ejecución de dicho proceder se va haciendo más accesible, más simple y más fácil de llevar a cabo.

Como consecuencia este proceder, les permitirá, con el tiempo, asimilarlo para hacerlo suyo y comenzar a tener la perspectiva de que el trabajo que llevan a cabo es eminentemente creativo y que produce una gran satisfacción, gracias a que experimentan el placer de los resultados. Parafraseando a Confucio, el día que Ustedes sientan eso, ese será el día en que Ustedes dejen de trabajar. Este proceder se aplica, o se puede aplicar si así lo deciden, tanto en su trabajo como en su vida personal, de manera cotidiana, sin perder la conciencia de las funciones y los proceso que se encuentran implícitas en ellas, entrando en un modo de creación, pensamiento positivo y una actitud propositiva.

Con el propósito de que puedan valorar la importancia y le den sentido al trabajo que les he propongo que lleven a cabo, les presento como ejemplo, los objetivos de la organización para la que trabajo y el resultado del mapeo de procesos llevado a cabo con fundamento en ellos: Los objetivos que establecimos para nuestra institución fueron: a) Alcanzar la sostenibilidad organizacional para asegurar la continuidad de la obra social de la organización. b) Desarrollar la capacidad técnico-gerencial-administrativa de la organización. c) Construir el centro médico. d) Incrementar la afluencia de beneficiarios(as) al centro médico. e) Incrementar la afluencia de estudiantes al instituto de estudios superiores de la organización. f) Ampliar la cobertura de población de los programas comunitarios. g) Mejorar la calidad y la calidez de atención y servicio. h) Desarrollar y sostener un programa de comunicación social interno y externo.

"A partir de cierto punto no hay retorno. Ese es el punto que hay que alcanzar"
Franz Kafka (1883-1924)

Con dichos objetivos, procederemos a realizar un ejercicio de mapeo de procesos ubicando a cada uno de ellos de acuerdo al número relaciones (entradas y salidas) que cada objetivo tiene con los demás objetivos. Así, aquellos que tengan mayor número de salidas con relación a los objetivos establecidos, reciben el nombre de *procesos rectores*, es decir, aquellos que *dirigen y gobiernan* los demás objetivos y procesos institucionales. Los que tengan más entradas son los procesos que *agregan valor* a los objetivos, por lo que reciben el nombre de *procesos de valor*. Los que tienen el mismo número de entradas y de salidas, reciben el nombre de *procesos habilitadores*, es decir, son los objetivos cuyo cumplimiento *hacen a algo, apto o capaz para obtener una cosa determinada o que proveen de los recursos necesarios para cumplir el objetivo final planteado.* A continuación, el resultado del ejercicio que definió el papel que juega cada objetivo estratégico para conformar la visión sistémica de los objetivos institución:

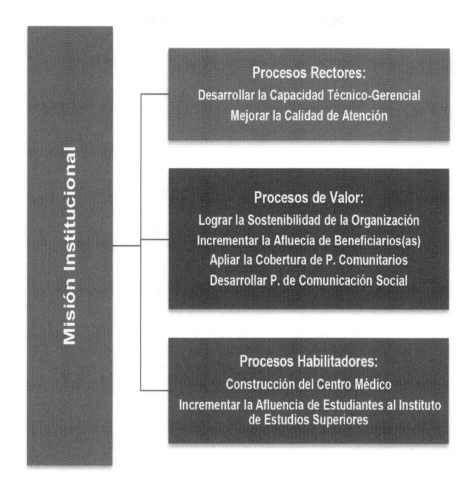

De acuerdo con el diccionario[74] mapear significa localizar y representar gráficamente la distribución relativa de las partes de un todo. Este tipo de representaciones esquemáticas permite, a las personas que trabajan en cualquier organización, tener una visión integral de los objetivos que tienen que cumplir y del papel que juegan cada uno de ellos en el cumplimiento de la misión institucional.

El mapeo define dos procesos rectores[75] integrados por el desarrollo de la capacidad gerencial, técnica y administrativa y por la calidad y

---

74 Diccionario de la Lengua Española, Edición Tricentenario, 2016.
75 *Op. Cit. Regir,* Gobernar o Dirigir el curso de…

calidez de la atención y el servicio. Estos requieren, a su vez, un tipo de procesos habilitadores[76] y otro tipo que les agreguen valor.[77] Los procesos que habilitan los procesos rectores son la construcción de la infraestructura que requiere la organización y el incremento de la afluencia de beneficiario(a)s del instituto de estudios superiores. Los procesos que le dan valor y que se adquieren como consecuencia de los procesos rectores son el trabajo hacia la sostenibilidad institucional, mecanismo que asegurará a largo plazo la continuidad de la organización, a través del incremento de beneficiarios(as) del centro médico, la ampliación de la cobertura de los programas de desarrollo de capital humano y social con base en la comunidad, programas que constituyen el origen y el destino de la organización y el desarrollo de un programa de comunicación social que dé a conocer y posicione la imagen institucional.

La importancia de este ejercicio radica en el hecho de que, además de la claridad con la que se perciben cada uno de los objetivos definidos como estratégicos, puntualizan el enfoque de cada uno de ellos evitando la dispersión, al presentarnos y recordarnos invariablemente, el papel que juegan en el contexto institucional cada uno de los procesos que se llevan a cabo.

Contribuye, también, a definir el papel, la función, la importancia y la responsabilidad que cada persona tiene, su participación activa en el desarrollo de determinado proceso, lo que las ubica claramente en el contexto institucional facilitando, por tanto, el sentido de pertenencia no solo en el ambiente institucional, sino en el sentido de que consideren ser una parte activa y fundamental de sus logros. La referida visión sistémica y el reconocimiento de la importancia de la participación de cada una de las personas contribuyen a promover y facilitar el trabajo de equipo.

Finalmente, como se presenta y debe ser entendido, *el proceso de valor* es el que directamente va a contribuir de manera directa en el cumplimiento de la misión institucional, y la importancia del papel

---

[76]   *Op. Cit.* Hacer a alguien o algo hábil, apto o capaz para una acción determinada.
[77]   *Op. Cit.* Alcance de la significación o importancia de una cosa, acción.

que desempeñan los otros dos tipos de procesos, incluyen objetivos sustantivos e indispensables para que eso sea posible.

La funcionalidad de un proceso dado, es decir, la facilidad y la utilidad eficiente y eficaz que tenga para producir un resultado específico, exige que éste se encuentre bien diseñado; que sea flexible; que pueda adecuarse a las circunstancias y adaptarse a los cambios; que el conocimiento se desprenda del análisis y la reflexión; que se genere el conocimiento que favorezca el aprendizaje y su transferencia a los miembros de la organización para que éstos(as) desarrollen su capacidad técnica, gerencial y administrativa, otorgándoles el poder que les permita hacer que cada nuevo proceso que inician, sea mejor que el anterior y les confiera, además, la oportunidad de visualizar con antelación, prepararse y trabajar para enfrentar y cumplir los retos futuros que presenta el proyecto y la organización.

CAPÍTULO DIEZ

ACTITUDES Y CONDUCTAS DEL PERSONAL

EL ESTABLECIMIENTO, DESARROLLO Y sistematización institucional del proceso de mejora continua exige, de las personas que lo llevan a cabo, una actitud proactiva y propositiva; que se interesen en adquirir el conocimiento que requieren para el ejercicio de la función y que, mediante la práctica cotidiana de ésta, vayan obteniendo la experiencia necesaria que les permita que su actuar mejore a través del tiempo. También exige que desarrollen la conciencia de que ellos(as) forman parte de un todo, de un sistema y descubran la importancia del papel que juegan en la organización, se integren a ella y desarrollen como consecuencia, el sentido de pertenencia.

Requieren también de la capacidad y la madurez, para compartir sus conocimientos y su experiencia; para contagiar a otros(as) con la actitud de llevar a cabo el esfuerzo necesario para procurar la excelencia;

desarrollar la pericia de ser incluyentes, desde la conciencia de reconocer las fortalezas de los(as) demás y sumarse a otros. Es fundamental también que pueda desplegar *un espíritu de colaborac*ión que tenga la suficiente flexibilidad para adaptarse al cambio, a las actitudes y a las conductas de otros en un afán de facilitar la conformación y la integración de equipos de trabajo que, a través de *la participación, la pertenencia y el pensamiento grupal*, produzcan, cada vez, mejores resultados.

"Si quieres ir rápido, ve solo. Si quieres llegar lejos, ve acompañado"
Proverbio africano.

"Ninguno de nosotros es tan inteligente como todos nosotros."
Ken Blanchard (1939 - …)

La adopción de dicha actitud, los conducirá a asumir un modo creador que los lleve a la innovación, a la agilización y simplificación de la función y de los procesos, así como, a la facilitación de la prestación de servicios que les permita adquirir la conciencia y dar a conocer, las mejores prácticas. Adoptar el modo creador, contribuirá a que el personal que ya está haciendo bien las cosas, las haga mejor, que se mantenga alineado, enfocado, en sintonía y en armonía con la misión, la visión, los objetivos, la filosofía institucional con todos los proyectos institucionales.

La adopción de la referida aludida actitud y conducta, le permitirá expresarla de manera vivencial y compartirla a través de la práctica de todos los días para que, a través del ejemplo y por contagio, se pueda propagar y arraigar en todas las personas que trabajan en la organización, de tal forma que puedan surgir liderazgos y recursos humanos creativos que planean y desarrollan proyectos aplicando el proceso administrativo con la única intención de servir, de la mejor manera posible, al(a) beneficiario(a).

"Lo subjetivo y lo objetivo se complementan en el acto de la creación"
Benito Quinquela Martín (1890 – 1977)

Con esta perspectiva todos los esfuerzos y recursos deben estar orientados para que el(a) beneficiario(a) reciba un trato digno, respetuoso, profesional, de calidad, humano y amable, así como una atención expedita[78] y personalizada, de tal forma que obtenga un alto grado de satisfacción después de recibir un servicio o de participar en una actividad, convirtiéndose en los principales promotores de la organización. Con este objetivo, la gerencia institucional deberá concebir e implementar estrategias que permitan que el personal adopte y arraigue la identidad profesional necesaria que facilite el cumplimiento de las funciones que les han sido encomendadas. Esto requiere de capacitación y de la práctica sistemática de la supervisión y la evaluación de las funciones que son llevadas a cabo con la intención de proporcionar la mejor atención posible a las personas que acuden a la organización.

Exige también, darse el tiempo necesario para analizar y reflexionar sobre todos los procesos desplegados durante el ejercicio de sus funciones, para generar conocimiento y aprender de ellas y comenzar, como consecuencia, la construcción de su propia experiencia en la inteligencia de que el destino del nuevo conocimiento será útil sólo si es aplicado al nuevo proceso de atención con el propósito de producir, como consecuencia, su mejora.

Las actitudes y conductas del personal deben estar enmarcadas por una cultura de atención y de servicio. En esta cultura, la manera habitual de actuar del personal muestra ante el(a) beneficiario(a), cortesía, respeto y urbanidad,[79] la cual tiene el propósito de satisfacer sus necesidades, respondiendo positivamente a la atención y al servicio del que fueron objeto.

"La cultura es sinónimo de civilización[80] y progreso intelectual"
José Sarukhán (1940 - ...)

---

[78]   Diccionario de la Lengua Española: Libre de todo estorbo; pronto de obrar, Edición Tricentenario, 2016.

[79]   Diccionario de la Lengua Española: Atención y buen modo, Edición Tricentenario, 2016.

[80]   Conjunto de costumbres, saberes y artes propias de una sociedad humana. Estado del progreso material, social, cultural y político de una sociedad. DLE, Edición Tricentenario, 2016

De esta forma, con la implementación sistemática de la "cultura de atención", la organización pretende asegurar que los esfuerzos que se llevan a cabo, se orienten a la satisfacción de las necesidades y demandas de los(as) beneficiarios(as) y consagren, como su valor fundamental, la excelencia en cada una de las acciones que son desplegadas con la intención de servir a la población a la que se debe la organización social.

La actitud y la conducta del personal con relación al trabajo que desempeña, debe reconocer y nunca olvidar que los(as) beneficiarios(as) son las personas más importantes en cualquier organización ya que constituyen su razón de ser. En este contexto, debemos tener presente que los(as) beneficiarios(as) no dependen de nosotros(as), *que nosotros(as) somos los que dependemos de ellos(as)* y, que *estos(as), constituyen el fluido vital de la organización.*

> *"Uno de los mejores secretos de la vida es que todo lo que vale la pena hacer, es lo que hacemos por los demás"*
> **Lewis Caroll (1832 – 1898)**

La única posibilidad que tenemos de satisfacer las necesidades y demandas de los(as) beneficiarios(as) es dándonos el tiempo necesario para conocer el o los motivos por los que acuden a nuestras organizaciones y comprender qué es lo que desean y esperan de nosotros. Con esa perspectiva, estaremos adquiriendo la capacidad para identificar sus expectativas y, de ser posible, anticiparnos a la satisfacción de sus necesidades y demandas. La forma más simple de generar este conocimiento es preguntando y observando con atención y respeto, las cualidades particulares de la persona que tenemos enfrente de nosotros y por las cuales se distingue de otros.

Derechos de los(as) Beneficiarios(as). Cada persona con la que entramos en contacto merece un trato digno y respetuoso, en un ambiente en el que se sienta seguro(a) y con confianza, estar dispuestos para escucharlo(a) con el fin de poderle proporcionar la mejor calidad de atención posible y ofrecerle la posibilidad de elegir, proporcionándole la información necesaria que requiere para que puedan hacer la mejor elección. La calidad, el valor y la evaluación de la atención, la determina la experiencia que el(a) beneficiario(a) haya tenido de ella. En este tenor, debemos hacer un esfuerzo constante con la finalidad de sobrepasar las expectativas de los(as) beneficiarios(as), dando más de lo que esperan. Con esta perspectiva debemos tener presentes las siguientes preguntas: ¿Qué podemos ofrecerle al(a) beneficiario(a) que no espera recibir?; ¿Qué podemos ofrecerle que no pueda obtener en otros lugares?; ¿Qué podemos hacer para dar un seguimiento efectivo de cada una de las personas que atendemos?

> *"Hagas lo que hagas, hazlo tan bien para que vuelvan*
> *y además traigan a sus amigos(as)"*
> **Walt Disney (1901 – 1966)**

Entre los aspectos que el(a) beneficiario(a) evalúa del personal que lo atiende es su apariencia, su actitud y sus valores. La apariencia en el sentido de la imagen que el prestador de servicios proyecta ante el(a) beneficiario(a) y que finalmente deseamos que se lleve de nosotros(as). La actitud del personal exteriorizada a través de la atención, el respeto, la disposición, el entusiasmo, la accesibilidad y la amabilidad hacia el(a) beneficiario(a). Implícitos en dicha actitud, se encuentran los valores que experimenta el beneficiario(a) y que le garantizan que se encuentra en una institución profesional, sólida, que se caracteriza por su honradez, credibilidad y por la generación de una confianza básica en ellos(as).

El Primer Contacto. El primer contacto que tiene el(a) beneficiario(a) con la persona que lo(a) recibe, ya sea en la organización o en donde se lleve a cabo éste, constituye la puerta de entrada a la organización. En una frase se resume la importancia del primer contacto: En principio, la primera impresión que recibe de la persona que lo(a) recibe y/o lo(a) atiende, es la impresión que el(a) beneficiario(a) se lleva de la organización.

> *"Un hombre o una mujer sin una sonrisa en la cara no*
> *debería estar al frente recibiendo a las personas"*
> **Proverbio chino**[81]

---

[81]   Modificado para propósitos del libro

Debemos reconocer que en la medida que el proceso de atención al(a) beneficiario(a) progresa, se van sucediendo una serie de primeros contactos con cada una de las personas que intervienen en dicho proceso. Todos los primeros contactos que experimentan durante el curso de la atención, construyen la impresión final que el(a) beneficiario(a) llega a registrar, impresión que refleja lo que puede pensar, concebir o representar de la organización y de su personal, impresión, con la que se queda, que deja huella, permanece y que será muy difícil cambiar después. Es importante también, hacer énfasis que de todos los primeros contactos que se den en el proceso de atención, el primero (la puerta de entrada a la organización) es el más importante ya que éste predispone y genera una actitud en el(a) beneficiario(a) que será muy difícil modificar.

Por dicha consideración, es fundamental que el proceso de bienvenida del(a) beneficiario(a) a la organización se implemente con la mejor actitud y la mayor calidad posible, cada vez que el(a) beneficiario(a) demanda un servicio y/o un producto y, para esto, la selección y capacitación del personal juega un papel fundamental.

"Contrata la actitud, entrena y desarrolla la habilidad"
Atul Gawande (1965 - ...)

"Necesitas tener un proceso de selección colaborativo"
Steve Jobs (1955 – 2011)

En el primer contacto, después de dar una cordial bienvenida, la cual debe manifestarse de manera congruente a través de la expresión verbal y corporal de todas las personas con las que establece contacto el(a) beneficiario(a), se procede a obtener la información necesaria para realizar el registro conducente para conocer las necesidades y demandas de la persona que llega a la organización o de aquella que tocamos a través de nuestros proyectos en la comunidad. Durante el proceso del primer contacto, es fundamental que el personal se identifique, muestre empatía[82] y ponga en práctica la cultura de servicio.

---

[82]   Capacidad para identificarse con alguien y, en la medida de lo posible, intentar comprender sus sentimientos, DLE Edición Tricentenario, 2017.

"La empatía reside en la habilidad de estar presente sin opinión"
Marshall Rosenberg (1934 – 2015)

La atención y el servicio al(a) beneficiario(a) debe fundamentarse en el despliegue de un espíritu de servicio que se sustente en la amabilidad y en la cortesía, que sea eficiente y efectivo. El(a) prestador(a) de servicio debe mostrar interés por el(a) beneficiario(a), asegurarse que su expresión verbal y corporal sean las adecuadas y congruentes con la situación que está manejando y experimentando, evitar por todos los medios posibles mantenerse invisible ante quien lo necesita y mostrar la disposición total de ser accesible, hablar con claridad y sencillez haciendo todo lo necesario para que el(a) beneficiario(a) comprenda perfectamente lo que se le dice, asegurando que las instrucciones que le dan, no dejen ninguna duda, sean específicas evitando que se presten a diferentes interpretaciones. El personal debe hacer el mejor de sus esfuerzos para ofrecer una atención personalizada, eficiente, eficaz y expedita, procurando reducir la diferencia que pudiera existir entre la realidad de lo que va a ser o a pasar durante la atención y las expectativas que el(a) beneficiario(a) pudiera tener de ella.

"El fruto del amor es el servicio, el fruto del servicio es la paz"
Madre Teresa de Calcuta (1910 – 1997)

"Si queremos un mundo de paz y justicia, hay que poner decididamente la inteligencia al servicio del amor por los demás"
Antoine de Saint Exupérie (1900 – 1944)

Algunas de las preguntas que pueden contribuir a descubrir o conocer las expectativas del(a) beneficiario(a) son: ¿qué espera del servicio que va a recibir?, ¿Qué espera de nosotros?, ¿qué piensa que va a pasar con usted durante el proceso de atención y servicio?

De la mano de esas preguntas que los pueden orientar a conocer las expectativas que tienen o esperan, se debe cerrar el círculo describiendo de manera clara y con palabras sencillas en que va a consistir la atención, que de lo que espera le podemos ofrecer, que requiere hacer para lograrlo y que de lo que espera, no le podemos ofrecer.

"Los grandes logros siempre tienen lugar en el marco de altas expectativas"
Charles F. Kettering (1856 – 1958)

"La meta futura produce el carácter en el presente"
Nicholas Thomas Wright (1948 - …)

El esquema que presentamos a continuación describe los pasos que permiten que se establezca un buen primer contacto y, como consecuencia, el acercamiento y la relación con el(a) beneficiario(a). Como se observará, son pasos muy simples que llevan implícito el objetivo de conectar, atender y servir a la persona que demanda un servicio o un producto en una organización social.

"Vaya donde sean altas la exigencia y las expectativas
de desempeño, esto te hará crecer"
Jim Rohn (1930 – 2009)

Los Pasos de la Toma del Contacto con el(a) Beneficiario(a):

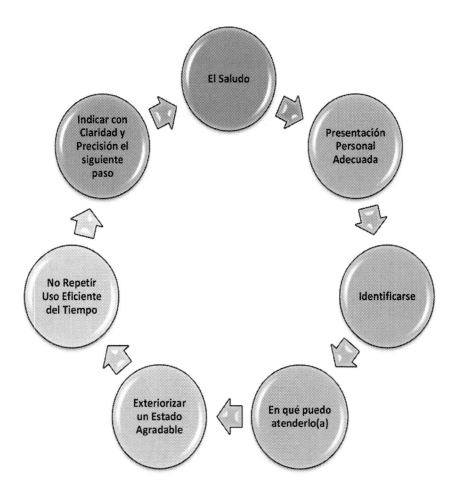

El saludo representa una de las mejores formas de dar la bienvenida a la persona si éste se hace acompañar de una presentación personal adecuada y si es seguido de una serie de preguntas simples que permitan obtener la información necesaria para conocer las necesidades y demandas de la persona que solicita un servicio institucional. Dichas preguntas permiten que el(a) beneficiario(a) fortalezca su percepción del profesionalismo de la persona que lo atiende, que adquiera mayor confianza y comience su proceso de identificación con el(a) prestador(a) de servicios y, al mismo tiempo, con la organización.

Al momento de efectuar las preguntas iniciales para explorar lo que desea de la organización, la persona que las hace deberá mostrar, ante el(a) beneficiario(a), una actitud que refleje el interés que tenemos por servirlo(a), actitud que se manifiesta a través de la amabilidad, la cordialidad, el respeto, la atención y el profesionalismo, evitando la repetición de preguntas, conceptos o información, circunstancia orientada a realizar un empleo más eficiente del tiempo, lo cual será agradecido por el(a) beneficiario(a). Cuando se trate de indicar los pasos a seguir (o dar instrucciones) en el proceso de atención, se debe ser lo más preciso(a) y claro(a) posible, asegurándose, con el respeto necesario, que quedaron muy bien definidos los pasos que debe seguir en el proceso de atención. Debemos recordar que existen varias formas de establecer contacto con los(as) beneficiarios(as), intermediarios(as), proveedores y agencias financiadoras públicas y privadas. Estos de se pueden dar a través de las siguientes formas de contacto: 1) el personal, cara a cara. 2) el indirecto (a través de terceras personas). 3) el telefónico. 4) el mensaje de texto. 5) el correo electrónico y 6) los diversos tipos de redes sociales. Para cada uno de ellos, existen estrategias específicas que, de implementarse, harán de éstas, que el contacto establecido sea más eficiente, más eficaz y de mayor calidad y sobre todo, que cumpla su propósito.

"Nunca subestimes el poder de un cliente enojado."
Joel Ross (1977 - …)

*"Se amable y misericordioso. No dejes que vengan personas,
sin que se marchen mejores y más felices"*
Madre Teresa de Calcuta (1910 – 1997)

CAPÍTULO ONCE

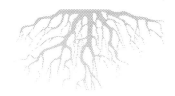

CALIDAD DE ATENCIÓN

"En la carrera por la calidad no existe una línea de meta"
David T. Kearns (1930 – 2011)

LA CALIDAD DE ATENCIÓN es el conjunto de propiedades inherentes a la atención, las cuales permiten juzgar su valor y conferirles tanto la capacidad de satisfacer las necesidades de los(as) beneficiarios(as) las cuales son expresadas con claridad y determinación, incluyendo las necesidades implícitas, es decir, aquellas que le dan un valor agregado a ésta, sin que necesariamente sean manifestadas. Mantener y mejorar la calidad de atención depende de la puesta en práctica del proceso de mejora continua. Ambos procesos (calidad y mejora continua) cubren una variedad significativa de funciones administrativas, por lo que aumentar la capacidad técnica, gerencial y administrativa que permita centrarse en dichos procesos, contribuirá al descubrimiento de las fortalezas y las oportunidades que agilicen ambos procesos. La calidad de atención es, sin lugar a dudas, la estrategia que permite el mejor posicionamiento institucional (público-social), ya que ésta es la que atrae al mayor número de beneficiarios(as), como resultado del grado de satisfacción que experimenta el beneficiario(a) por el servicio recibido. Su evaluación incluye la eficiencia, la eficacia y la seguridad de los servicios y de los productos que promueve y otorga la organización.

"Calidad significa hacer lo correcto cuando nadie está mirando"
Henry Ford (1863 – 1947)

"La planificación de la calidad consiste en desarrollar los productos y procesos necesarios para satisfacer las necesidades de los(as) beneficiarios(as)"
Joseph M. Juran (1904 – 2008)

Los(as) beneficiarios(as) evalúan la calidad desde cuatro perspectivas diferentes: *la confiabilidad, la empatía, la seguridad y la capacidad de respuesta*. La perspectiva de confiabilidad se refiere a que el(a) beneficiario(a) recibe un servicio que cuida todos los detalles, en donde él o ella, perciben la capacidad, los conocimientos y el trato profesional de cada una de las personas que intervienen en su atención en un ambiente que le da la seguridad requerida para que el(a) beneficiario(a) deposite, en las manos del personal, sus necesidades y demandas con la confianza de que éstas serán satisfechas de la mejor manera posible. Paralelamente, este proceso, cuando se sustenta en la integridad, credibilidad y honestidad, produce la certeza en el(a) beneficiario(a) de que el servicio o el producto que recibió, rebasó todas las expectativas que tenía del mismo.

"El hombre o la mujer se convierten a menudo en lo que piensan de sí mismos. Si sigo diciéndome a mí mismo que no puedo hacer algo, es posible que termine siendo incapaz de ello. Por el contrario, si tengo la creencia de que puedo hacerlo, seguramente podré adquirir la capacidad de hacerlo"
Mahatma Gandhi (1869 – 1948)

Un ingrediente fundamental de las personas que trabajan para satisfacer las necesidades y demandas de terceros, es la actitud y la disposición que tienen para generar un sentimiento de participación afectiva que permita conocer sus necesidades, de tal forma que puedan asegurar que reciben el cuidado y la atención que requieren y merecen.

La calidad de atención exige, también, durante el proceso, que sea proporcionada, correspondiente, accesible, ágil, eficiente y efectiva. Con esto, deseo indicar que la oferta de servicios o de productos se lleve a tiempo, que reconozca el contexto cultural, geográfico, económico y social de la persona que lo solicita (que sea equitativo), que se provean con las habilidades, recursos y capacidades que reconozcan y sean congruentes con la demanda del(a) beneficiario(a), maximizando los recursos disponibles y reduciendo el dispendio de los mismos. La efectividad en el contexto de la calidad indica simplemente que el servicio prestado o el producto proporcionado desencadena los resultados y la satisfacción que el(a) beneficiario(a) desea y espera.

"Cuando alguien ama lo que hace, se nota. Cuando no amas lo que haces, se nota aún más"
Steve Jobs (1955 – 2011)

"El bien que hacemos nos da una satisfacción interior, que es la más dulce de todas las pasiones"
René Descartes (1596 – 1650)

Exigencia de la Calidad de Atención y de Servicio. Un factor que constituye una condición de calidad, es la información que se le proporciona al(a) beneficiario(a) para que tenga una idea clara y precisa del servicio que va a recibir y que conozca, a través de ella, la capacidad humana y técnica de quien lo va a atender. El conocimiento que se genera a partir de la aplicación de cuestionarios que exploran las necesidades, las demandas y la calidad de servicio de la población que es atendida por la organización y de la realización de estudios que analizan el flujo de atención que sigue el(a) beneficiario(a) con el objeto de recibir un servicio específico desde que entra hasta que sale de la organización, permiten plantear estrategias que agilicen y hagan más eficiente el proceso de atención, contribuyendo a la calidad de atención. La calidad de atención debe ser llevada a cabo mediante un esfuerzo sostenido, sistemático y objetivo, que supervise y evalúe el proceso de atención que permita identificar las actitudes, las acciones costo-eficientes y costo efectivas que aportan a ésta, y que permitan el establecimiento institucional de un proceso de mejora continua de la calidad de atención. A continuación, presentaré los principales componentes de los estándares de la calidad de atención. Estos son: a) abanico de servicios; b) capacidad técnica del(a) prestador(a) de servicios o de productos; c) relaciones interpersonales entre el(a) prestador(a) de servicios y el(a) beneficiario(a), las cuales incluyen el sentimiento por parte del(a) beneficiario(a) de haber sido bien atendido(a); d) evaluación de la información proporcionada por el(a) prestador de servicios y planos de evaluación. A continuación, describo cada uno de ellos.

Abanico de Servicios. La calidad de atención incluye la oferta variada e informada de servicios y productos para que el(a) beneficiario(a) tenga la oportunidad de elegir con base en una oferta múltiple, que le permita acceder al que más le convenga. En este contexto, el abanico de servicios tiene tres planos de evaluación: 1) El conocimiento de los servicios y de los productos que ofrece la organización tanto por parte del(a) prestador(a) de servicio como del(a) beneficiario(a). 2) La disponibilidad de los mismos y 3) El acceso económico, social y cultural independientemente de sus capacidades técnicas, cognitivas o físicas.

El abanico de servicios tiene otros niveles de evaluación en donde destacan la información, la calidad de la misma, el costo, el abastecimiento, la comunicación y la comprensión de la misma, el sesgo del(a) prestador(a) de servicios, sesgo dado fundamentalmente por las preferencias, la capacidad, los intereses y/o las limitaciones de éste(a). Es muy importante tener presente que nunca debemos ofertar servicios y productos que no estén disponibles o que no estemos preparados(as) para proporcionarlos.

Capacidad técnica del(a) prestador(a) de servicios o de productos. Los planos de evaluación de la capacidad del(a) prestador(a) incluyen su conocimiento teórico, su experiencia, la capacidad manifestada como prestador(a) de servicio y la eficacia del(os) servicio(s) prestado(s). La capacidad técnica del(a) prestador(a) de servicios se evalúa a través de la revisión del proceso de atención que se llevó a cabo, de la revisión de los registros de las actividades realizadas que exigieron dicho proceso y de la eficacia que tuvo el servicio prestado. Este último plano de evaluación recae en el(a) beneficiario(a) que recibió en servicio e incluye si la situación presentada fue o no resuelta, así como, la percepción del servicio que subsistió en la persona después de haber recibido el mismo.

> *"La primera virtud del conocimiento es la capacidad*
> *de enfrentarse a lo que no es evidente."*
> **Jaques Lacan (1901 – 1981)**

Relaciones interpersonales entre el(a) prestador(a) de servicios y el(a) beneficiario(a), las cuales incluyen el sentimiento por parte del(a) beneficiario(a) de haber sido bien atendido(a). Los elementos que permiten construir un clima favorable que facilita la relación interpersonal entre el(a) prestador(a) de servicio y el(a) beneficiario(a) son en su conjunto: recibir y atender al(a) beneficiario(a) con amabilidad y cortesía; el tacto[83], el trato respetuoso; la empatía, la confidencialidad, y sensibilidad del(a) prestador(a), así como, el proporcionarles una información sencilla, clara, comprensible y, cuando sea necesario, por escrito.

> *"No hay que apagar la luz del otro para que brille la nuestra"*
> **Mahatma Gandhi (1869 – 1948)**

> *"La bondad es el principio del tacto, el respeto por los*
> *demás es la primera condición para saber vivir"*
> **Henry-Frédéric Amiel (1821 – 1881)**

Así, los planos de evaluación de las relaciones interpersonales entre el prestador(a) de servicios y el(a) beneficiario(a), se circunscriben a los elementos descritos, incluyendo, el tiempo de atención, la sensación de haber sido escuchado(a) por el(a) prestador(a) de servicio, la oportunidad que tuvo para establecer una comunicación de dos vías (personal → beneficiario(a) → personal), si se estableció el lazo de confianza en el(a)

---

[83]   Prudencia de proceder en un asunto delicado DLE, Edición Tricentenario.

prestador(a) de servicio y si el(a) beneficiario(a), si siguió las instrucciones y recomendaciones proporcionados por el(a) prestador(a) de servicio.

"El error más grande en la comunicación es la ilusión de que ésta ha tenido lugar"
George Bernard Shaw (1856 -1950)

"La buena comunicación está determinada no por la forma de que tan bien decimos las cosas, sino por que tan bien somos comprendidos"
Andrew S. Grove (1936 -2016)

Evaluación de la información proporcionada por el(a) prestador de servicios. Los planos de evaluación de este apartado incluyen la confirmación del hecho de que la información proporcionada al(a) beneficiario(a) por el personal, fue totalmente comprendida por éste(a). Que el beneficiario(a) conozca todos los servicios y los productos institucionales, sus precios, así como los horarios y los días de atención. A lo anterior se le agrega el hecho de que el(a) prestador(a) de servicios, identificó, clarificó y precisó, en su caso, los temores, las percepciones y las "ideas" del(a) beneficiario(a) con relación a su problema y/o a los servicios y productos que se ofertan.

Planos de Evaluación. Una vez conocidos los diversos planos de evaluación que integran cada uno de los elementos que determinan la calidad de atención, se puede estructurar un instrumento que se pueda aplicar de forma periódica (mensual) para proceder a registrar la información que permita su evaluación y, a través del análisis y la reflexión de los resultados, establecer su proceso de mejora continua de la calidad de atención. Tanto ésta, como los procesos de mejora continua, requieren de varios elementos fundamentales entre los que se destaca el liderazgo que apoye la implementación y el desarrollo estratégico de dichas iniciativas en cada uno de los diferentes niveles operativos de la organización.

"El liderazgo efectivo no trata de hacer discursos o ser gustado; el liderazgo se define por resultados, no solo por atributos"
Peter F. Drucker (1909 – 2005)

"Un líder es aquel que conoce el camino, camina el camino y muestra el camino"
John Maxwell (1947 - …)

"Un líder es mejor cuando la gente apenas sabe que existe, cuando su trabajo está hecho, su meta cumplida y pueda decir: lo hicimos nosotros"
Lao Tzu (604 a.C. – 531 a.C)

La capacidad organizacional alcanzada a través del proceso del desarrollo técnico, gerencial y financiero, permite desarrollar la maestría[84] que otorga la capacidad para identificar las necesidades, demandas y preferencias de la población a la que sirve cada organización de tal modo que estas se puedan articular al sistema de atención.

No menos importante es la capacidad para liderar la puesta en práctica de las políticas y las normas institucionales que faciliten su implementación, su operación y su funcionalidad bajo una serie de procesos entre los que se encuentran la supervisión, la evaluación, el análisis y la reflexión y la consecuente mejora continua.

"Aquel que nunca aprendió a obedecer no puede ser un buen comandante"
Aristóteles (384 a.C. – 322 a.C.)

Entre los retos que enfrentan las organizaciones de la sociedad civil se encuentran el aprender a trabajar en equipo y a desarrollar el pensamiento grupal; que asuman las responsabilidades que les corresponden a cada miembro; que sigan instrucciones y respeten y hagan respetar las normas y políticas institucionales.

Otro reto mayor lo constituye, sin duda, la capacidad para desarrollar y poner en práctica los modelos de atención que respondan a todas las dimensiones que integran la calidad, es decir, que sea eficiente, efectiva, accesible, aceptable, centrada en la persona, informada, equitativa y segura. De acuerdo con lo anterior, entre las principales estrategias con las que contamos para mejorar la calidad de atención, se encuentran la capacitación y el desarrollo técnico, gerencial y administrativo del personal, los cursos de relaciones humanas que impacten positivamente

---

[84]   Arte y destreza en enseñar o ejecutar algo.

la relación interpersonal entre compañeros(as) de trabajo, entre personas de diferentes organizaciones y, fundamentalmente, entre el personal y los(as) beneficiarios(as) de los servicios y de los productos institucionales.

Desde la perspectiva de los(as) beneficiarios(as), los estudios de percepción de atención, las encuestas de salida, el buzón de agradecimientos y recomendaciones, la observación directa, la evaluación de los servicios prestados, así como la retroalimentación, la sensibilización y la motivación del personal constituyen los elementos cuyo análisis y resultados deben contribuir a mejorar la calidad de atención.

Los estudios de flujo de la atención, así como los estudios de cada uno de los procesos de atención que considera cada uno de los puntos de contacto del(a) beneficiario(a) con la organización, son determinantes para hacer procesos más eficientes, más eficaces, de mayor calidad y que generen mayor satisfacción.

> *"La percepción es el proceso mediante el cual el espíritu completa una impresión de los sentidos, con un acompañamiento de imágenes."*
> **Alfred Binet (1857 – 1911)**

CAPÍTULO DOCE

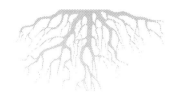

LA INFORMACIÓN

"El conocimiento es poder, la información es liberadora"
Kofi Annan (1938 - ...)

LA LABOR DE LA inteligencia organizacional (IO) se refiere al uso metódico[85] de la información que le dé significado a ésta de tal modo que facilite el desarrollo de la capacidad a partir de la generación del conocimiento que es o puede ser relevante para la institución. En palabras simples se refiere a la capacidad técnica, administrativo-gerencial y financiera de la organización cuyo común de denominador es el conocimiento generado a partir del análisis de la información.

La información se crea a partir del registro de los datos que producen las actividades que se realizan en el contexto de un proyecto

---

[85] Procedimiento que se sigue para hallar la verdad y enseñarla. Modo de decir, hacer o proceder con orden. Hábito o costumbre que cada uno tiene, respeta y sigue. DLE Edición Tricentenario.

para cumplir con sus líneas estratégicas, sus objetivos y su misión. La utilidad del uso de la información, su razón intrínseca de ser, se obtiene a partir del análisis y la reflexión, técnica que concibe el conocimiento que permite medir, observar y valorar el grado de avance de un proyecto; los resultados alcanzados; definir las mejores prácticas y el impacto social logrado. También y, a partir del aprendizaje que deja el proceso referido, se produce una serie de conclusiones que facilitan la toma de decisiones sustentadas en una serie de recomendaciones cuyo objetivo último es establecer la mejora de una acción, de un proceso, de un proyecto y/o de una organización.

Es importante destacar que este proceso que recibe ahora el nombre de IO, ante la supuesta novedad del término, fue empleado por primera vez por Richard Millar Devens en 1865[86], es decir, durante el siglo XIX, hace ya 152 años.

Para mí, la relevancia de usar el término de IO es que éste coloca a la información en el lugar que debe tener, dándole su respectiva importancia tanto para la conformación de un proyecto, como para su seguimiento, supervisión y evaluación, acciones imposibles de llevarse a cabo sin la existencia de la información. La IO incluye: el conocimiento técnico, gerencial, administrativo y financiero; la capacidad de identificar diferentes situaciones que facilitan o afectan el desarrollo organizacional; la identificación de información relevante a dicha situación; la validación y la contextualización de la información compilada; el análisis y la reflexión de la misma; la producción de conocimiento que permite arribar a conclusiones. La IO incluye también, el aprendizaje que se obtiene a través del referido proceso; la generación de recomendaciones específicas a fin de que sean aplicadas a la mejora continua y a la sostenibilidad misma del proyecto o de la organización, según sea el caso.

"La inteligencia y el sentido común se abren paso con pocos artificios"
Johann Wolfgang von Goethe (1749 - 1832)

---

[86]   Cyclopedia of commercial and business. New York, London, D. Appleton and Company. Book from the collections of Harvard University

Así, la IO consiste en la habilidad y en la capacidad institucional que les da sentido a las situaciones vividas y, es empleada en aquellas situaciones que se están viviendo o que están por ser vividas, para poder intervenir a tiempo en ellas, de una manera eficiente y efectiva. Incluye también, la necesidad de desarrollar la habilidad para emplear el conocimiento que es relevante a la organización, reflexionar y aprender de la experiencia y poderla compartir tanto con el propio personal, como con otras organizaciones sociales. La diferencia que se da entre las personas, se produce a partir de aquellos(as) que son capaces de aprovechar en beneficio propio y de la organización, las lecciones que provee la experiencia. Creo que aquí es oportuno recordar la frase de James R Lowell, una espina de experiencia vale mas que un bosque de advertencias.

"La experiencia no es lo que te sucede, sino lo que haces con aquello que te sucede"
Aldous Huxley (1894 – 1963)

Las necesidades de información de una organización se definen tomando en consideración todo el contexto organizacional, el cual se encuentra conformado por la misión, la visión, el proyecto, su objetivo general, sus objetivos específicos, sus respectivas actividades, las funciones que operacionalizan las actividades, la supervisión y la evaluación del proyecto, así como, los indicadores establecidos que permitirán medir el impacto social de la organización con relación al cumplimiento de su misión y de sus objetivos. Dichas necesidades de información, se definen también, considerando otros escenarios que se despliegan con relación a la ejecución de las funciones de cada uno de los diferentes niveles operativos de la institución: directores(as), jefes(as) de áreas, coordinadores(as) de proyectos, jefes(as) de departamentos, supervisores(as) y operadores u oficiales de programas. Cada uno de estos niveles, al interior de la organización, tienen como función la responsabilidad de generar, registrar y compilar la información que le corresponde a cada uno de ellos con el fin de integrarla para construir con ella, la visión sistémica de la organización.

La generación de información es la función más importante desde la perspectiva del seguimiento, de la supervisión, de la evaluación de proyectos y programas, del desarrollo de la capacidad administrativa, técnica y gerencial, así como de la producción del conocimiento.

Proceso de Integración de la Información:

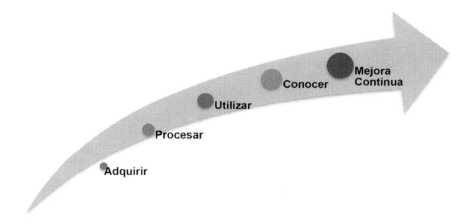

Esta gráfica muestra el proceso que debe seguir la información para darle el sentido que merece y sea de utilidad para la persona, para el proyecto y para la organización. El primer paso en el proceso es la adquisición de la información que sea de utilidad para los propósitos del proyecto y de la organización. Esta debe ser producida teniendo, como punto de partida una serie de conocimientos y cuestionamientos que permitan definir, de manera precisa, las necesidades específicas de información para los fines enunciados. Por tal motivo, las personas responsables del proyecto deben conocer la misión y los objetivos institucionales, la misión y los objetivos del(os) proyecto(s) en curso, las líneas estratégicas de cada uno de los objetivos que considera determinado proyecto, las funciones y la serie de actividades que requieren ser llevadas a cabo y el proceso de registro, depuración, procesamiento, análisis, interpretación, generación de conocimientos, toma de decisiones, mejora y sostenibilidad.

La generación periódica de información exige registros estandarizados para cada una de las actividades que son responsabilidad de cada uno de los niveles operativos descritos, hecho que permite establecer y unificar los criterios institucionales para capturar, registrar, depurar y compilar la información que producen las actividades implícitas en los objetivos de cada uno de los proyectos institucionales. A continuación presentamos a el proceso de la información el cual se inicia a partir del registro de su elemento más simple, el dato.

Proceso de la Información:

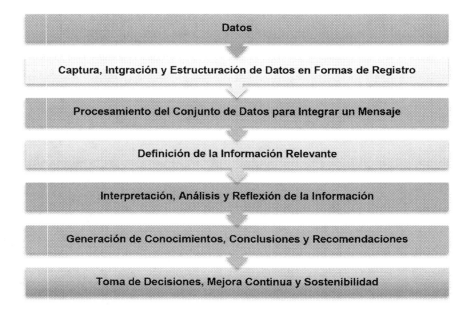

La información hace posible la generación de nuevas ideas, estimulando la creatividad, la pro-positividad y la proactividad. El cumplimiento de las líneas estratégicas impactará en la consecución de determinado objetivo y esto, a su vez, en el cumplimiento de la misión del proyecto y en el aporte que éste hace, al cumplimiento de los objetivos y de la misión institucional. Sin embargo, debemos recordar que la información es un medio para obtener un producto determinado, no es, por sí misma, un fin.

"Muchas personas cometen el error de confundir la información con el
conocimiento. El conocimiento lleva implícita la interpretación de la información"
Henning Mankell (1948 -2015)

A través de este muy amplio panorama de conocimientos que deben tener las personas que participan en un proyecto (o en una organización), deben aprender a enfocarse en lo que verdaderamente necesitan saber del proyecto. Una vez definido esto, deberán proceder a llevar un registro específico y sistemático de ella. Las respuestas a las preguntas que les comparto a continuación pueden facilitar dicho enfoque: ¿Qué información necesitamos?, ¿Qué información es útil?, ¿Por qué es útil?, ¿Cómo la podemos registrar?, ¿Qué tipo de formatos debemos utilizar?, ¿Quién los va a diseñar?, ¿Cómo la vamos a capturar?, ¿Cómo vamos a demostrar la funcionalidad de los formatos?, ¿Quién es el(a) responsable del llenado de cada uno de los formatos?, ¿Cada cuándo se debe llenar?, ¿Qué se va a reportar?, ¿Cada cuándo se debe reportar?

Una vez obtenidos los datos que registran las actividades del proyecto, se debe dar paso al procesamiento de la información, el cual se puede seguir a través de las siguientes preguntas: ¿Quién va a definir qué?, ¿Cuál es su importancia?, ¿Quién es el responsable de compilar la información?, ¿Con qué periodicidad van a compilar?, ¿La información que se está reportando es la apropiada?, ¿La información es accesible?, ¿La información es confidencial?, ¿En dónde y cómo la vamos a almacenar (guardar)?, ¿Está disponible?, ¿En dónde, cómo, con qué y cada cuándo la vamos a respaldar (asegurar su disponibilidad)?

Ya procesada la información, debemos definir: ¿Quién o quiénes la van a usar?, ¿Cuál es el flujo que debe seguir la información?, ¿Para qué se va a usar?, ¿Cómo facilitamos su acceso a aquellos que vayan a utilizar la información?, ¿qué se espera obtener con la utilización de la información?, ¿Cómo debemos reportar la información una vez utilizada?, ¿Qué características debe tener las conclusiones y las recomendaciones que emanen del uso de la información?, ¿Quién o quiénes serán los beneficiario(a)s de los reportes que se produzcan una vez utilizada la información?, ¿Quién o quienes van a dar el seguimiento a las recomendaciones propuestas para la mejora del proceso y/o del proyecto?

"La nueva información hace posible las nuevas ideas"
Zig Ziglar (1926 – 2012)

La implementación sistemática de esta serie de preguntas aparentemente "tediosas" y la comprensión de la importancia de llevarlas a cabo, es decir, el descubrimiento de su utilidad, permitirán desarrollar, con el tiempo, este proceso de una manera más simple, fácil y expedita. El conocimiento que deja el análisis y la reflexión de la información, conocimiento que emana de la experiencia pura, del hacer y del aprender, facilitará la toma de conciencia de los procesos que fueron empleados para alcanzar los resultados obtenidos y definir los logros que se obtuvieron a través de ellos. Su intención fundamental es la de desarrollar la capacidad que permita el descubrimiento de las oportunidades que faciliten el proceso de toma de decisiones y el establecimiento del proceso de mejora continua de determinado proyecto que permitan incorporar y expandir la experiencia institucional. Con dicha perspectiva, la administración o el manejo del conocimiento a partir de la información, lleva implícita una estrecha relación con los objetivos y las estrategias organizacionales, incluyendo su utilización para generar valor agregado para la organización.

"La administración del conocimiento es una estrategia consciente, que lleva la intención de compartir el conocimiento con las personas adecuadas en el momento correcto, para apoyar a las personas a generar y compartir información para crear maneras para mejorar la actuación de la organización"
Karla O'dell & Jackson Grayson, 1998 (Management, USA)

Este proceso termina con la implementación de la mejora continua, la cual, una vez aplicada al inicio del nuevo proceso, se repite de manera cíclica al término de cada nuevo proceso hasta llegar a su sistematización y, como resultado, a su institucionalización. Considerando que la sistematización-institucionalización es un proceso eminentemente creativo, que evita en aquellos(as) que lo practican, que caigan en la rutina, en el hacer por el hacer, en el hacer limitado al único propósito de cumplir.

"La rutina es el hábito de renunciar a pensar"
José Ingenieros (1877 – 1925)

La rutina mata el amor por la tarea, sin embargo,
el amor por la tarea mata a la rutina"
(Anónimo)

"Lo novedoso no es sinónimo de amenaza, por el contrario,
es el catalizador del espíritu humano"
María Guadalupe Arizpe de la Maza (1936 - ...)

Una institución que desarrolla un liderazgo eficiente y eficaz se encuentra, irremediablemente, implicada con los procesos de IO, creatividad e innovación. El sistema de información es el conjunto de datos que se obtienen, se organizan, se almacenan, se mantienen disponibles y listos, en cualquier momento, para de satisfacer las demandas de información que son necesarias en una organización.

"El secreto del éxito es tener una incansable, eterna e
inextinguible sed de información y de conocimiento."
Paul Tudor Jones (1954 - ...)

Usos de la Información. La información es necesaria para hacer un registro fiel de las actividades realizadas por cada una de las personas que participan en la organización, ya sea en la administración y/o en la operación de sus proyectos. A su vez, dicho registro lleva el propósito de contar con elementos que permitan dar seguimiento, supervisar y evaluar el cumplimiento de las funciones que han sido establecidas para cada una de las personas que trabajan en la institución, reportar incidentes y dejar constancia de hechos y, en su caso, fincar o deslindar responsabilidades. La información se usa para presentar avances y resultados, mediante la realización del análisis de la misma, recordando siempre que dicho análisis sirve para estudiar hechos y situaciones que ya ocurrieron y por las que ya no se puede hacer nada. Por tal motivo, su utilidad reside en el hecho de que el análisis crea conocimiento y al hacerlo abre la posibilidad de aplicarlo a la toma de decisiones sobre eventos futuros que permitan sostener, modificar o cambiar las normas, políticas, procedimientos, funciones, procesos e, incluso, el rumbo de determinado proyecto, así como, para apoyar el establecimiento de estrategias que faciliten el desarrollo de procesos de mejora continua que impacten de manera positiva tanto en los proyectos como en la organización.

La información es también necesaria para dar seguimiento, supervisar y evaluar los estilos del ejercicio de la autoridad de los diferentes niveles operativos sobre los(as) beneficiarios(as) que son atendidos(as) por la organización y sobre sus compañeros(as) de trabajo a través de la observación y registro de sus actitudes y conductas. Asimismo, ésta es útil para reflexionar sobre el uso de su propia autoridad con relación a sus subordinados(as), permitiendo la realización de una introspección sobre sus propias actitudes y conductas y observando la disposición de ellos(as) para dar seguimiento a sus instrucciones, la actitud y la conducta con relación al ejercicio de sus funciones y su disposición para cumplir, participar y mejorar el ejercicio de sus responsabilidades.

Ejemplos de la información que debe ser solicitada en el contexto de un proyecto para realizar seguimiento, la supervisión y la evaluación. La información requerida para llevar a cabo La supervisión y la evaluación de un proyecto, dependen del tipo de intervención que se va a llevar o se está llevando a cabo, por lo que las necesidades de información deben definirse de manera individualizada. A continuación, presentamos algunos ejemplos que pueden servir de guía para cumplir con este requisito fundamental:

Información sobre datos generales del proyecto. La supervisión y la evaluación de un proyecto debe definir con precisión, en primera instancia, el período que va a ser revisado o evaluado. Así, debe considerar las fechas de inicio y terminación del proyecto; períodos de financiamiento que considera y en qué período se encuentran; ¿cuál es la meta de cobertura geográfica del proyecto?; descripción de las características socioeconómicas y demográficas de las áreas geográficas (urbana, suburbana y rural); las metas de cobertura poblacional del proyecto; los recursos humanos voluntarios y profesionales que empleará el proyecto. De toda la información general solicitada, se deberá pedir el grado de avance cuantitativo y porcentual al tiempo en que se realiza la supervisión o la evaluación, con relación a los objetivos específicos y metas establecidas en la propuesta de trabajo original.

Datos del proceso información, educación y capacitación relacionados con las actividades del proyecto (IEC). Actividades de información y educación a la comunidad (número de pláticas y cobertura poblacional de las pláticas; número de informaciones uno a uno); banco de las preguntas que realizan los participantes en las actividades comunitarias de información y educación durante el período de un año completo que incluye su registro ininterrumpido y ordenado de acuerdo al tema al que se refiere cada una de las preguntas registradas.

Considerando que las preguntas reflejan las necesidades de información de las personas que participan en las pláticas informativo-educativas, el contar con un banco de preguntas registradas históricamente y ordenadas temáticamente, nos permite proceder a realizar un análisis de contenido y frecuencia, y con él, diseñar y elaborar manuales educativos que respondan de manera más específica a las necesidades de información de las personas a quien se dirigen las actividades de información y educación de la organización. Además, el análisis de contenido y frecuencia anual de las preguntas compiladas puede ser comparado con el análisis de otros años y evaluar si las necesidades de información de la población que atiende el proyecto han cambiado a través de los años. Si no es el caso, el hecho de que diferentes tiempos continúen haciendo las mismas preguntas cuestiona, el programa de información, educación y capacitación de la organización. El registro de las actividades de capacitación deben incluir el número, la fecha, el tema y el(a) ponente, así como el número de personas cubiertas con la acción de capacitación, las características de las de personas capacitadas, el número de horas de capacitación invertidas en comunidad, las preguntas realizadas en cada una de las pláticas, el nivel de capacitación de los recursos humanos voluntarios y profesionales medido con evaluaciones de antes-después del curso impartido y a los seis meses posteriores. Una práctica común es limitarse a la evaluación antes y después del curso y de manera poco frecuente se hace a los seis meses después. La evaluación a 6 meses (como mínimo) debe ser considerada como la práctica de evaluación que permitirá medir el verdadero impacto de la acción de capacitación con relación a la generación de conocimientos y el cambio de actitudes, conductas y prácticas de los(as) participantes en él.

Datos relacionados con la participación voluntaria de la comunidad. En el caso de que determinado proyecto considere la participación voluntaria de la comunidad, la información requerida incluiría el número de voluntarios de la comunidad, su distribución por edad, género, nivel socioeconómico y educativo; registrar en el caso de que la participación voluntaria se lleva a través de voluntarios(as) técnicos(as) si están haciendo su servicio social, las carreras técnicas o profesionales a las que pertenecen y si son profesionistas, indicando la profesión que despliegan cada uno de ellos. Conocer y evaluar el uso de la capacidad instalada de la institución para el manejo de los voluntarios debe basarse en los estándares desarrollados por cada organización a través de los cuales se puede medir la productividad para la capacitación, el manejo y la administración de dichos profesionales.

"La voluntariedad es una manifestación y un estado mental que, en el trabajo cotidiano, va tejiendo una red de solidaridad capaz de traspasar las barreras que nos impiden ser hermanos"
María Guadalupe Arizpe de la Maza (1936 - …)

La medición de la capacidad instalada, sustentada en los estándares de productividad, considera la capacidad del personal de la organización para manejar determinado número de voluntarios, la capacidad de prestación de servicios por voluntario(a). Dichos estándares son establecidos por la organización para medir el uso de la capacidad instalada de dichos recursos humanos; el registro de los voluntarios(as) comunitarios(as), considerando su permanencia en la institución y/o en el proyecto, debe determinar si son voluntarios(as) nuevos(as) o activos(as). La proporción de activos(as) *versus* nuevos(as) es una medida de calidad de atención de los recursos humanos voluntarios de una organización, esperando siempre tener un mayor porcentaje de promotores(as) activos(as), hecho que manifiesta su continuidad institucional.

"Para nosotros, una persona voluntaria es aquella que profesa a través de sus acciones, el amor por sus semejantes, manifestando el deseo y su disposición que tienen para trabajar a favor de los demás".
María Guadalupe Arizpe de la Maza (1936 - …)

En el caso de los voluntarios profesionales y técnicos, sobre todo aquellos que responden a la necesidad de cumplir con su servicio social, su participación en el proyecto debe considerarse que será por un período determinado de tiempo, para evitar que el proyecto en cuestión dependa de la permanencia de esta categoría de voluntarios. El registro de dichos(as) voluntarios(as) debe incluir su perfil, destacando sus características sociodemográficas, su nivel de ingresos, su escolaridad, su género, etc.; el promedio de antigüedad en el proyecto por tipo de especialidad y el número de servicios proporcionados y una evaluación específica sobre la calidad de los servicios proporcionados por ellos(as).

"Nuestro principal propósito en esta vida es ayudar a otros, y si no les puedes ayudar, al menos no les hagas daño."
Dalai Lama (1935 - ...)

Datos relacionados con los servicios a la comunidad que proporciona el proyecto. En el caso de que la organización preste servicios en la comunidad, será importante conocer el número y el tipo de servicios que se proporcionan en un determinado período; si el personal o los(as) voluntarios(as) refieren personas, dando acceso a través de la misma, a centros de atención (propios o de terceros); el número de referencias que realizan; si los(as) beneficiarios(as) que atienden en comunidad son nuevos o subsecuentes; la proporción que existe entre unos(as) y otros(as); el uso de la capacidad instalada para la prestación de servicios en comunidad sustentada en los estándares de productividad propuestos por la organización. A la referida información debe incorporarse también, el número de beneficiarios(as) por cada prestador de servicios comunitarios (por día, semana o mes) y el perfil socio-económico y demográfico de los(as) beneficiarios(as).

Datos relacionados con la calidad de los servicios institucionales. La distribución de beneficiarios(as) nuevos(as) y activos(as); la prevalencia del uso de los servicios institucionales (aumento del número de beneficiarios(as) y de servicios a través del tiempo); la continuidad del uso de los servicios; el estudio de las causas de deserción de los(as) beneficiarios(as). Entre otros datos relacionados con el registro de la calidad de atención se cuenta la percepción de la calidad de por parte de los(as) beneficiario(a)s y su grado de satisfacción, medido a través de encuestas de salida, encuestas en la comunidad, buzón de quejas, reconocimientos y necesidades, estudios de percepción de atención.

Datos relacionados con el ejercicio presupuestal del proyecto. El ejercicio presupuestal por los períodos de tiempo que establece el proyecto (mes, trimestre, anual); el costo por beneficiario(a) y por servicio prestado, considerando el total del presupuesto ejercido en un período de tiempo entre el número de beneficiarios directos y/o de servicios prestados en el mismo período; la recuperación económica por servicio prestado, analizando el total de ingresos por servicio dividido entre el número de beneficiarios(as) directos; la distribución del gasto ejercido por categoría presupuestal y su relación con los tiempos del proyecto y con los logros obtenidos; el análisis de costo del proyecto; la generación de ingresos del proyecto, su monto equivalente en términos de porcentaje con el presupuesto total; el nivel de suficiencia económica del proyecto (ingresos generados por el proyecto entre el total del ejercicio presupuestal).

Como se observa a través de esta serie de ejemplos, el conocimiento y la claridad que tengamos del proyecto que va a ser ejecutado (o que se está ejecutando) facilitará la definición precisa de las necesidades de información para realizar el análisis y la evaluación del gasto presupuestal y proponer estrategias de control y de reducción de costos, así como estrategias que fomenten la productividad del proyecto y, en su caso, la generación de ingresos propios que aporten al sostenimiento de la organización y, como consecuencia, a la consecución de la misión institucional. Si tenemos éxito y desarrollamos la capacidad para capturar la información que se requiere para hacer la supervisión y la evaluación del(os) proyecto(s) que se lleva(n) a cabo, es innegable que la información que lleguemos a generar contribuirá: al desarrollo de la gestión de la información; de la generación del conocimiento; del desarrollo de la inteligencia organizacional; del crecimiento personal y organizacional. Una vez que se llegue a comprender que la información no es exclusivamente para responder a la exigencia de agentes externos a la organización (donantes) y comience a ser percibida y a distinguirse como un elemento de crecimiento y desarrollo personal e institucional, estoy seguro que, quienes participan, realizarán el mejor de sus esfuerzos para asegurar la calidad de la misma y su aprovechamiento en aras del establecimiento del proceso de mejora continua, del desarrollo de la inteligencia apreciativa y del establecimiento de una cultura de apreciación.

La inteligencia apreciativa[87] se define como el conjunto de habilidades y patrones mentales que son empleados para dar respuesta y proponer soluciones innovadoras que faciliten el desarrollo de la capacidad personal para apreciar las fortalezas institucionales, sus logros y, a partir de ellos, establecer la mejora continua. El fundamento de la inteligencia apreciativa se sustenta en la capacidad para apreciar, resaltar lo positivo y todo aquello que verdaderamente importa, factores que son trascendentales para la mejora continua. La inteligencia apreciativa demanda también de la capacidad para destacar y enfocarse en aquellas cosas de las que se pueden obtener un mayor beneficio.

> *"La información es más valiosa cuando la gente la tiene"*
> **Seth Godin (1960 - ...)**

Partiendo de las cosas que son verdaderamente importantes y trascendentes, es importante visualizar un futuro innovador, creativo, motivador, realista y, por lo tanto, posible. Esta visión de futuro es creada a partir del presente y se enfoca exclusivamente en las alternativas de solución que emanan de las preguntas positivas y del empleo del lenguaje apreciativo, actitudes y posiciones ambas, que estimula la creatividad, facilitada por el reconocimiento, el aprecio y el enfoque en las fortalezas del equipo de trabajo y del ambiente en donde se encuentra inmerso y se desarrolla. Una parte fundamental de la inteligencia apreciativa es el respeto por la diversidad y la posibilidad de poder obtener de cualquier persona con la que entramos en contacto y de todas las experiencias vividas, beneficios y aprendizajes, que nos permiten enfocarnos en aquello que nos fortalece y dejar de lado las diferencias que nos separan. Asimismo, aún y cuando la inteligencia apreciativa es una habilidad

---

[87]   David Cooperrider "Appreciation Inquiry"

individual, su desarrollo, con el tiempo, perseverancia y una paciencia activa, contribuye a formar la cultura organizacional de la apreciación.

"La comunicación no conlleva comprensión. La información, si es bien transmitida y comprendida, conlleva inteligibilidad[88], primera condición necesaria para la comprensión"
Edgar Morin (1921 - ...)

La información, apoyada por la práctica cotidiana de la inteligencia apreciativa, es también necesaria para supervisar el ejercicio de la función y el cumplimiento de las responsabilidades encomendadas al personal. Dicha supervisión permite sostener, modificar o cambiar el rumbo de los procesos de atención a los(as) beneficiarios(as) y descubrir aquellas situaciones que puedan estar afectando estos procesos. El análisis de las causas de dichas situaciones, permite descubrir y conocer las causas reales de los obstáculos que estén afectando los procesos descritos y poder establecer, a tiempo, alternativas que le den una solución definitiva. Las causas que aparentemente son determinantes de una situación dada, lo único que originan, dada su naturaleza, son soluciones meramente paliativas. En esto reside la importancia de profundizar en el análisis de cada una de las situaciones que se enfrentan en el curso del desarrollo de un proyecto para descubrir su verdadero origen y poder arribar a una solución definitiva.

Con ella, también podemos seleccionar y adoptar las mejores prácticas, comprobar en el área de trabajo (en campo) la veracidad de la información reportada por los diferentes niveles operativos de la organización, valorar y apreciar la tanto la calidad, como la relevancia de la información, lo que llevará al personal a mejorar sustancialmente todo el sistema de información de la organización haciendo que éste sea cada vez más confiable.

"Toda información es importante, sólo, si está conectada a otra"
Umberto Eco (1932 – 2016)

---

[88]   Que puede ser entendido, que es materia de puro conocimiento, sin intervención de los sentidos. Que se oye clara y distintamente, sin confusión, diferencia por la que una cosa no es otra.

*"Poseer información es una cosa. Otra muy diferente
es saber lo que significa y cómo utilizarla"*
Jeff Linsday (1952 - ...)

"Cuando la información se organiza, surgen las ideas"
Jim Rohn (1930 – 2009)

CAPÍTULO TRECE

LA SUPERVISIÓN

EN MI TRAYECTORIA PROFESIONAL uno de los problemas más frecuentes a los que he enfrentado en muchas de las organizaciones sociales con las que he tenido la oportunidad de trabajar, *es la falta de supervisión* de los proyectos que llevan a cabo. He observado también, en aquellas que la llegan a realizar, lo hacen de manera irregular, desordenada, metodológicamente inapropiada y a veces hasta fuera del contexto del proyecto que se está llevado a cabo. Por otra parte, también he notado de manera frecuente, manteniendo el escenario descrito, que las personas que las llevan a cabo la supervisión, no sólo les falta experiencia en este tipo de procedimientos metodológicos y en el manejo de la información de proyectos sociales, sino que además los(as) que la llegan a ejercer, generalmente, lo hacen de una manera punitiva, limitándose a destacar solo los aspectos negativos y las fallas del mismo, intentando "justificar" ante sus superiores la "importancia" de su desempeño en el puesto que ocupan con dicha calidad, intentando esconder la muy limitada visión del papel que deben desempeñar en su papel de supervisores(as).

Desafortunadamente, estas particularidades relacionadas con la supervisión, generan en el personal responsable del proyecto, una actitud negativa, de rechazo y animadversión hacia dicho tipo de personas que cumplen con una "supuesta" función de supervisión, dejando pasar de largo la oportunidad única que nos ofrece *"el acto de la supervisión"* para mejorar y facilitar el desarrollo futuro del proyecto.

Cuando el diseño de un proyecto no tiene objetivos específicos bien definidos y, por consiguiente, que no puedan ser medidos, supervisados y evaluados y cuando las actividades, recursos y funciones que se requieren cumplir los propósitos del proyecto no se encuentren anclados a un sistema de supervisión y de evaluación, independientemente de que este se lleve a cabo, su implementación y desarrollo será imposible, por lo que no habrá forma de demostrar el cumplimiento de los objetivos planteados y capturar las lecciones aprendidas, sus mejores prácticas y el impacto social del proyecto.

Independientemente del interés que los(as) operadores de proyectos sociales pudieran tener, podría decir atreverme a decir que las características recién descritas de ese tipo de proyectos, muestran que carecen de *"alma y razón de ser"*, evidenciando que éstos no responden a una necesidad sentida por la comunidad, ni se encuentran sustentados en una verdadera convicción de servicio, por tanto, el interés mostrado, no tienen nada que ver con la labor social a favor de los demás. Al respecto, podría citar a un fragmento de una frase de San Agustín *"nadie ama una cosa por completo ignorada"* Así, cualquier persona que incursiona en las áreas sociales, independientemente de su motivación primaria, debe comprometerse a realizar el esfuerzo requerido que le permita conocer y comprender a quien están sirviendo, el por qué hace lo que hace y que pueden lograr.

> *"Es nuestra responsabilidad y nos compete sólo a cada uno de nosotros, asegurar el buen destino de los recursos destinados para procurar el bien social"*
> **José Enrique Suárez y Toriello (1946 - ...)**

De allí la importancia de conocer la misión, los objetivos, la filosofía y la visión institucional; de conocer el proyecto y de que éste se encuentre sustentado en un buen plan; que su diseño considere y permita la supervisión y su evaluación; que el personal esté capacitado y se le asignen sus funciones, sus responsabilidades y la respectiva autoridad para llevarlas a cabo; que exista un sistema de información y se encuentre establecido el flujo que debe tener y seguir y respetar; que el personal realice sus reportes de actividades; que los informes se concentren de tal forma que permitan, en sus respectivos tiempos, la supervisión y la evaluación; que ambos procesos sean llevados a cabo por el equipo de trabajo; que sus resultados sean analizados a partir de la discusión y del pensamiento grupal, para que, a partir de ese proceso, se genere el conocimiento que permita al personal conocer los logros alcanzados, sentirse parte ellos, facilitar el proceso de apropiación del proyecto y que comiencen a reconocer y a apreciar el trabajo que realizan a favor de los demás; que desarrollen la inteligencia y la cultura apreciativa que les permita comenzar a amar su trabajo y a partir de allí, puedan establecer el proceso de mejora continua que les permita hacer mejor lo que ya se encuentran haciendo bien.

La supervisión *es la metodología que permite el cuidado y el seguimiento del buen funcionamiento de un sistema, de un proyecto, de un programa, de una actividad o de una función.* Ésta considera varios tipos de recursos sistémicos, entre los que destacan: el conocimiento de los antecedentes, el proceso, la observación, la memoria, el almacenamiento, la utilización de recursos, la capacitación y la asistencia técnica, la metodología y la medición de avances y logros encadenados a un análisis de costo eficiencia y costo efectividad.

Darse la oportunidad de poner en práctica la supervisión, permitirá que las OSC's le den la importancia que merece y la coloquen en el lugar que le corresponde en el contexto de un proyecto. Ésta es parte fundamental del establecimiento de una cultura organizacional en la que se crea, se comparte y se implementa el conocimiento de una manera intencional, activa, disciplinada, apreciativa y sistemática, cultura que lleva como propósito, en el contexto del desarrollo de un proyecto, el control de su implementación y su desarrollo, la facilitación del trabajo en equipo, la detección de las mejores prácticas y, con ellas, del descubrimiento de las áreas de oportunidad para mejorar tanto el quehacer cotidiano del proyecto, como el de la organización. Por lo anterior, cualquier acto de supervisión, debe partir del reconocimiento del hecho de que ésta juega un papel fundamental en el desarrollo y en el éxito de cualquier proyecto.

"Las personas que triunfan son aquellas que tienen la capacidad de descubrir y usar efectivamente el capital de conocimiento que poseen"
Schiffer & Robert Nelson (2003)

"Se necesita poco para hacer las cosas bien, pero menos aún se necesita, para hacerlas mal"
Paul Bocuse (1926 - ...)

La supervisión es una acción planeada y programada en el tiempo y tiene por objetivo, *"volver a ver"*, es decir, ejercer la revisión y el reconocimiento atento de trabajos realizados por otros (terceros) para conocer su origen, identidad, naturaleza, circunstancias y logros. Es también revisar cómo, cuándo, con qué y para qué, determinado proceso fue llevado a cabo y qué se obtuvo con el ejercicio del mismo, análisis que permitirá valorar si lo alcanzado era lo que estaba planeado y descubrir las cosas que facilitaron los resultados alcanzados.

El tipo de supervisión que propongo y promoveré desde este libro, es la *supervisión apreciativa*, es decir, aquella que se centra en la búsqueda colaborativa de las cosas que se hacen bien para potenciarlas. Es un enfoque que descubre las cosas positivas que están haciendo las personas en el contexto de un proyecto o de una organización, el cuál permite apreciar, reconocer y descubrir sus competencias, habilidades, fortalezas y las mejores prácticas de todos(as) los(as) que participan activamente en él. Independientemente del rigor metodológico que pueda tener la supervisión, ésta debe ser concebida y considerada como un proceso de acompañamiento a un proyecto específico, el cual incluye la capacitación y la asistencia técnica y, de manera esencial, es la *búsqueda colaborativa* de las cosas que se están haciendo bien y que están dando resultado con la intención de descubrirlas, de tomar conciencia de ellas para potenciarlas a través del proceso de mejora continúa que tiene el objeto de *hacer mejor lo que ya se está haciendo bien*. Es también, a través de la participación y el involucramiento de las personas que participan en el proyecto, fomentar el trabajo en equipo, el pensamiento grupal y la propuesta de ideas creativas, a partir de las fortalezas personales e institucionales, que permitan trascender las situaciones que afectan el desarrollo de un proyecto, para abonar a la experiencia individual, grupal e institucional.

La importancia de la Supervisión insertada en la estrategia de Atención al(a) Beneficiario(a):

El liderazgo del(a) director(a) y del(a) jefe(a) del departamento o del proyecto constituyen la base de la cadena del proceso de supervisión para apoyar la mejora continua.

⬇

La capacitación, seguimiento y supervisión de los(as) supervisores(as) impulsa la calidad de su labor de supervisión

⬇

La capacitación, el seguimiento y la supervisión de los(as) supervisados(as) impulsa su lealtad

⬇

La lealtad y el trabajo de los(as) supervisados(as) impulsa su productividad y el trabajo en equipo

⬇

La productividad y el trabajo en equipo impulsa el valor de la atención

⬇

El valor de la atencion impulsa la satisfacción del(a) beneficiario(a)(a)

⬇

La satisfacción del(a) beneficiario(a)(a) impulsa su lealtad

⬇

La lealtad del(a) beneficiario(a) impulsa su continuidad, la recomendación de la organización a terceros, acción que constituye el principal promotor del aumento de la demanda servicios.

El Perfil del(a) Supervisor(a). El perfil dependerá de si éste(a) es un(a) supervisor(a) interno(a) (de la organización) o un(a) supervisor(a) externo(a). En el caso de un(a) supervisor(a) interno, éste(a) debe tener total conocimiento y plena identificación con la misión, la visión, la filosofía y los objetivos de la organización para la que trabaja, elementos, todos, que representan la esencia de la organización. Además, tener el conocimiento, las capacidades y las habilidades del proyecto o del área de la cual es responsable de supervisar, es decir, tener la disponibilidad para cumplir las funciones, la funcionalidad en el desempeño de sus responsabilidades y el talento y la habilidad para para capacitar al personal que tiene bajo su responsabilidad, conocer las funciones que les corresponden y que deben de ser desempeñados(as) por ellos(as). La persona que realiza la supervisión le corresponde respetar y darse a respetar por sus compañeros(as) de profesión y, sobre todo, por el personal a su cargo. Un respeto que no se lo confiere el puesto que desempeña, sino aquél que ha sido ganado con el ejemplo y como consecuencia de sus conocimientos, capacidades y habilidades.

El(a) supervisor(a) debe poseer la capacidad y la autoridad para establecer, dar seguimiento, apoyar y hacer cumplir las funciones, normas y políticas institucionales, así como, la confianza y la madurez suficiente que le permita delegar en sus supervisados, la autoridad que requieren para el ejercicio de su función y asegurar la provisión de los insumos que requiere el personal a su cargo que le permita el ejercicio de su función y el cumplimiento de sus responsabilidades. Además, debe adquirir y mantener la capacidad para evaluar el desempeño del personal con relación al cumplimiento de sus funciones, las metas y los objetivos específicos del área que corresponde a su competencia, así como la capacidad de análisis y reflexión de los resultados obtenidos, facilitar el pensamiento grupal y el trabajo de equipo y de mostrar en la práctica, cómo éstos, contribuyen al cumplimiento de los objetivos y de la misión institucional. El análisis y la reflexión de los logros obtenidos como equipo de trabajo, debe conducirlos a la identificación de las mejores prácticas y las oportunidades para mejorar los procesos de atención entre los que se incluye la mejora del desempeño de las funciones para hacer que éstas sean cada vez más eficientes, más eficaces y de mayor calidad.

Cuando se trata de un(a) supervisor(a) externo, éste debe adoptar muchas de las actitudes y conductas descritas al referirnos al(a) supervisor(a) interno. Considerando que el(a) supervisor(a) externo no está en el día a día de la operación del proyecto, antes de proceder a realizar el acto de la supervisión, la cual nunca deberá ejercerla de manera aislada sino en compañía de uno o más miembros[89] de la organización que será objeto de la supervisión, considerando que es un proceso fundamental en el desarrollo del proyecto, de que es un acto de capacitación y de asistencia técnica y que de él se desprenderán una serie de conclusiones y recomendaciones que deberán ser implementadas por el equipo de trabajo responsable del proyecto. Así, el(a) supervisor(a) externo(a) debe tener experiencia en la implementación y en el desarrollo de proyectos sociales, experiencia que le debe dar el conocimiento y la sensibilidad necesaria para poder ejercer la función que viene a desempeñar a la organización, además, debe tener la actitud madura de practicar una inclusión activa de los responsables del proyecto. Antes de iniciar el proceso, la persona responsable debe prepararse, estudiando, analizando y reflexionando el proyecto objeto de la supervisión, de tal forma de que tenga una visión objetiva y actualizada del proyecto que va a ser supervisado.

Dicha preparación implica conocer en profundidad la organización sobre la cual va a intervenir, conocer de manera detallada el proyecto, estudiar el plan de trabajo, asegurarse de que éste sea susceptible de ser supervisado, debe revisar y analizar todos los informes programáticos y financieros relacionados con el proyecto, hacer el ejercicio de comparar los avances y los gastos reportados con el plan original de trabajo y proceder elaborar sus propias conclusiones y recomendaciones antes de iniciar la supervisión. Ya en la organización que será supervisada, corroborará sus conclusiones mediante entrevistas con el personal del proyecto y con los(as) beneficiarios(as) del mismo y procederá a realizar una observación estructurada en campo de las actitudes y conductas del

---

[89]   Las personas que acompañen al(a) supervisor(a) deben adoptar las actitud y conductas necesarias que faciliten el desarrollo de la supervisión, proveer de información e insumos al(a) supervisor(a) externo(a), observar de manera activa y participativa el desarrollo del ejercicio y aprender de él o de ella.

personal con relación al desempaño de su trabajo y a la interacción que pudieran tener con los(as) beneficiarios(as).

Por su parte, ambos tipos de supervisores deben sustentar su trabajo de supervisión con la honestidad, la apertura, el compromiso y la capacidad para desarrollar un trabajo conjunto que permita apreciar y aprender de los logros y del esfuerzo de sus supervisados, compartirles el conocimiento adquirido y discutirlo de manera grupal promoviendo el pensamiento grupal para arribar juntos a la construcción de las recomendaciones necesarias que faciliten la mejora del desarrollo de la función, de la actividad, y/o del proyecto. Así, el(a) supervisor(a) debe ser un ejemplo para sus supervisados y contar con la apertura y la capacidad para compartir su experiencia.

El perfil incluye también, el desarrollo de las capacidades y las habilidades que le permitan a través de la experiencia adquirida, obtener información mediante la observación estructurada y el planteamiento de preguntas positivas que ofrezcan respuestas positivas.

La observación y la pregunta como metodologías para obtener información. Con el propósito de comunicarse con sus supervisados(as), el(a) supervisor(a) debe adquirir y desarrollar ciertas habilidades aprovechando las oportunidades de aprendizaje que le brindan la práctica de la observación estructurada y sistemática, es decir, la observación con un propósito específico que proporciona información que no es posible recabar por otros medios. Para esto, la observación deberá enfocarse en la observación de la congruencia que existe de la expresión corporal y verbal con el resto de las actitudes y conductas que manifiesta la persona durante determinada interacción con él, ella, con otras personas y también, durante el ejercicio de determinada función.

Por otra parte, el(a) supervisor(a) debe aprender a escuchar (capacidad de escucha),[90] entendiendo por esto, no el simple acto reflejo de oír, sino la actitud y la habilidad para poner atención y comprender lo que se desea comunicar y adquirir información que se desea transmitir al entablar una comunicación, haciendo sentir a la persona que se expresa, que se

---

[90]   Prestar atención a lo que se oye, DLE Edición Tricentenario, 2016.

le está escuchando, que se sienta reconocido y que se está estableciendo una verdadera comunicación entre las partes.

La intención de que participe de manera afectiva y empática con la persona con la que se encuentra, es otra forma por medio de la cual el(a) supervisor(a) se comunica y se relaciona con sus supervisados(as) y con el resto de las personas con las que entra en contacto.

La manera más sencilla de obtener información es preguntar. Es hacer preguntas sencillas, claras, positivas, específicas, que no se presten a diferentes interpretaciones, buscando la generación de respuestas creativas, positivas, que aporten a la persona, al equipo de trabajo y al proyecto. La pregunta es, también, una forma de mostrar interés por nuestro(a) compañero(a) de trabajo y por nuestros(as) beneficiarios(as).

Elementos que el(a) supervisor(a) debe cuidar de sus supervisados(as) cuando se trata de atender y servir al(a) beneficiario(a). Como una parte fundamental de su trabajo, el(a) supervisor(a) debe tener, además de los detalles técnicos y de los elementos de conocimiento sobre la tarea que realizan tanto él o ella con respecto de sus supervisados(as), debe asegurar que éstos(as) coloquen al(a) beneficiario(a) por encima de todo, manifestando que la atención al(a) beneficiario(a) es la prioridad, recordando que no hay nada imposible cuando existe la disposición y cuando verdaderamente se quiere o se desea. El(a) supervisor(a) debe asegurar el cumplimiento de todo aquello que promete a sus supervisados(as) y a los(as) beneficiarios(as).

Debe entender, también, que sólo dándoles más de lo que esperan, es la mejor alternativa para establecer una relación creativa y productiva que los(as) llegue a satisfacer. Para ellos(as), el(a) supervisor(a), el(a) jefe(a) de departamento o de proyecto o el(a) director(a), marcan la diferencia y, por tanto, se les respeta, otorgándoles el liderazgo que requieren para el ejercicio de sus funciones. Es importante tener presente que un(a) empleado(a) insatisfecho(a), además de hacer mal su trabajo, genera beneficiarios(as) insatisfechos(as) y gestan una mala imagen institucional.

Diferentes Niveles de la Supervisión y la
Evaluación de la Calidad de Atención:

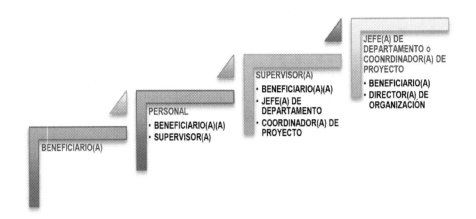

La gráfica muestra los diferentes niveles de supervisión y evaluación de la calidad de atención y define a los responsables de dichas funciones sustantivas. El juicio final sobre la calidad de atención la hace el beneficiario(a), el juicio sobre la calidad de atención que realiza el personal lo hace el(a) beneficiario(a) y el(a) supervisor(a), el juicio sobre la calidad de atención que proporciona el(a) supervisor(a), lo hace el beneficiario(a) y el(a) jefe(a) de departamento o de proyecto, el juicio sobre la calidad de atención del(a) jefe(a) de proyecto o de departamento, lo hace el(a) beneficiario(a) y el(a) director(a).

Continuando con la intención de este libro, debemos tener presente que por muy buena que sea la atención al(a) beneficiario(a), siempre se puede mejorar, recordando el hecho de que cuando se trata de trabajar para satisfacer al(a) beneficiario(a), todas las personas que participan en el proceso conforman un equipo en donde, si falla uno(a), fallan todos(as). En esto radica la importancia de que el(a) supervisor(a) motive la participación proactiva y propositiva del personal, para que juntos, como equipo, propongan, promuevan, faciliten, habiliten y sostengan la mejora continua mediante la construcción de la capacidad colectiva que les permitirá, finalmente, cumplir con su función y contribuir al logro de los objetivos y de la misión institucional.

"Fallar en un punto, significa fallar en todo"
Refrán Popular

"Recuerda que, de la conducta de cada uno, depende el destino de todos."
Alejandro Magno (356 a.C. – 323 a.C.)

El trabajo del(a) supervisor(a) debe desplegarse en un ambiente de disciplina y respecto por lo que debe asegurar que el personal a su cargo conozca la estructura organizacional para que pueda respetar y seguir las líneas de autoridad y de comunicación apropiadas, situación que facilita el establecimiento de una cultura de comunicación y servicio, que impacta positivamente en la consolidación del trabajo de equipo, que promueve y mejora las relaciones interpersonales.

"Zapatero a tus Zapatos"
Refrán español atribuido a Apelles de Cos (4º Siglo a.C)

Entre los factores que hacen que la supervisión brinde los resultados positivos esperados, destaca la actitud sustentada en el deseo genuino de contribuir al cambio y de la firme intención de querer hacer mejor las cosas. Cada persona en la organización debe ser el cambio que quiere ver en los demás.

El(a) supervisor(a) debe ser capaz de[91]asegurar la participación y el compromiso de sus supervisados en el quehacer que es objeto de su responsabilidad. Es de capital importancia establecer y poner en práctica una cultura de disciplina que fomente el trabajo de equipo para planificar, administrar, ejecutar, asignar, distribuir y utilizar los recursos que sean requeridos para el desarrollo de las actividades, para supervisar y para evaluar. Dentro de esta cultura de disciplina se encuentra implícita la flexibilidad para darle paso a la implementación propositiva de las nuevas maneras de ser y de hacer.

No menos importante es la capacidad que adquiera para crear y fomentar la comunicación que permita compartir, de manera

---

[91]   La capacidad para que las personas sigan las reglas o los códigos de conducta establecidas. Es un sistema de reglas o de conductas. New Oxford American Dictionary.

sistemática, el avance del proyecto, los logros alcanzados y las mejores prácticas implementadas, creando un lenguaje de excelencia que permita comunicar que lo que se está haciendo bien se puede hacer mejor, teniendo en cuenta que ésta, la excelencia, es un proceso continuo, no una meta.

"La creatividad requiere tener el valor de desprenderse de las certezas"
Erich Fromm (1900 – 1980)

En este contexto, adquiere relevancia el desarrollo de la inteligencia apreciativa, la cual nos permite, como ya se había comentado, obtener la capacidad para descubrir el potencial creativo en el aquí y en el ahora que permita el establecimiento de los cimientos de un futuro mejor, tanto para la organización, como para nosotros(as) mismos(as).

"Cuando decimos que todo tiempo pasado fue mejor,
estamos condenando al futuro sin conocerlo"
Francisco de Quevedo (1580 - 1645)

La perseverancia en la consecución de los objetivos y de la misión institucional es sostenida y estimulada por la motivación que nos da la capacidad para poder observar y apreciar los avances, logros y los resultados alcanzados a través del esfuerzo y el trabajo compartido.

Planeación de la Supervisión. Como muchas cosas en la vida, la supervisión debe ser un acto que se geste a partir de un proceso de planeación. La planeación es un medio para conseguir un fin más que un fin mismo, es una forma sistemática de pensamiento que refleja, por una parte, la capacidad de la o las persona(s) y, por la otra, las formas y maneras para administrar el proceso de supervisión, el cual tiene por objeto observar y reconocer cómo el trabajo de sus colaboradores(as) están contribuyendo al cumplimiento de los objetivos, la misión y la visión institucional. La planeación constituye una guía para hacer un uso eficiente y efectivo de los recursos que disponemos para llevar a cabo la supervisión; permite la creación de un entendimiento común, hecho que le da a ésta, una perspectiva creativa y generadora de conocimiento a las acciones de control, seguimiento y supervisión, destacando su relevancia en el proceso administrativo. Con el fin de desarrollar el protocolo de la supervisión, en este apartado describiré de manera ordenada diversas *preguntas estructurales* cuyas respuestas, pudieran contribuir a desarrollar un plan de supervisión.

Protocolo: ¿Cuál es su visión de la supervisión?, ¿Qué espera alcanzar o lograr con la supervisión?, ¿Qué le motiva a desarrollar el trabajo de supervisor(a)?, ¿Qué importancia tiene el trabajo de supervisión?

Plan: ¿En qué momento de desarrollo se encuentra el proyecto?, ¿Cuál es su percepción del estado que guarda su proyecto o su área de responsabilidad?, ¿Conoce sus funciones, sus responsabilidades y la autoridad que tiene en el contexto organizacional?, ¿Qué necesita para hacer la supervisión?, ¿Con qué cuenta?, ¿Tiene el apoyo y la autoridad necesaria para el ejercicio de esta función específica?, ¿Qué espera lograr con ella?, ¿Conoce a las personas que dependen de usted?, ¿Quiénes son?, ¿Cómo son?, ¿Cuál es su perfil?, ¿Conoce las funciones de cada uno(a) de las personas a su cargo?, ¿Se encuentran capacitados(as) para desempeñar su trabajo?, ¿Cómo va a supervisar el ejercicio de la función de sus subalternos(as)?, ¿Cuál es su plan de supervisión?

Implementación del plan: ¿Qué requiere para poner el plan en acción?, ¿Cómo lo va a llevar a cabo?, ¿Con qué frecuencia lo va a hacer?, ¿Cómo van a apoyar la ejecución del plan de supervisión sus subalternos(as)?, ¿Quién va a ser el responsable de qué? Una vez puesto en práctica el plan de supervisión, les presento otra serie de preguntas que ayudan a estructurar el proceso de seguimiento del plan de supervisión.

Seguimiento, supervisión y mejora continua del plan de supervisión: ¿Cómo se está llevando a cabo el plan?, ¿Se han puesto en práctica las recomendaciones planteadas?, ¿Qué ha logrado?, ¿Tiene algún indicador que le permita medir el grado de avance del proyecto?, ¿Cuál es su grado de avance?, ¿Cómo lo han logrado?, lo que han logrado, ¿Es lo que esperaba?, ¿Sí, por qué?, ¿No, por qué?, ¿Qué ha funcionado?, de lo que ha funcionado ¿Qué es lo que ha funcionado mejor?, ¿Por qué ha funcionado?, ¿Qué no ha funcionado?, ¿Por qué no ha funcionado?, ¿Tiene algo que modificar o cambiar?, ¿Qué requiere para mejorar el proyecto cumplir sus objetivos?

Comunicación de los resultados del plan de supervisión: ¿Qué resultados va a comunicar?, ¿A quién y cómo se los va a comunicar?, ¿Con qué frecuencia lo va a hacer?, ¿Para qué va a comunicar sus resultados?, ¿Qué espera lograr con eso?

Continuidad del plan: ¿Cómo resultó el ejercicio de la supervisión?, ¿Logró sus objetivos?, ¿Cuáles fueron las acciones del plan que le dieron mejores resultados?, con ellas, ¿Puede mejorar el plan de supervisión?, de manera específica, ¿Qué y cómo lo va a mejorar?, ¿Cuáles fueron las mejores prácticas que pudieron detectar con relación al ejercicio del proyecto?; ¿Considera incorporar otras prácticas?, ¿Sí, por qué?, ¿No, por qué?

El ánimo, la actitud y la disposición para mejorar la atención y el servicio y para desarrollar las capacidades nacen del reconocimiento y de la valoración que hagamos del trabajo de otros(as) y de la motivación que les lleguemos a dar. El seguimiento y la supervisión del proyecto se lleva a cabo usando como guía la propuesta de trabajo. Esto implica que la planeación del seguimiento y supervisión, debe reconocer las funciones y responsabilidades del personal de cada uno de los diferentes niveles operativos del proyecto.

En caso necesario, se requerirá también de la implementación de un plan de capacitación y asistencia técnica, de la realización de reuniones periódicas con el personal responsable, de la revisión de los antecedentes del proyecto y de los informes mensuales, de la realización de visitas de campo para para certificar lo informado en la realidad en donde se desarrolla el proyecto, así como de las entrevistas con las personas responsables de la operación del mismo. Como resultado del trabajo anterior deben surgir una serie de conclusiones de la supervisión, las cuales deben ser objeto del análisis y de la reflexión de tal forma que permita al equipo de llegar al consenso de la realidad que vive el proyecto.

Posteriormente, se procede a la estimulación del pensamiento grupal para enfocarse en la búsqueda colaborativa de las cosas que se hicieron bien, del descubrimiento de las cosas positivas que están haciendo las personas dentro de la organización en aras del ejercicio de su función y, a través de esto, apreciar, reconocer y descubrir las competencias, habilidades, y las mejores prácticas de los(as) compañeros(as) de trabajo y proponer las recomendaciones necesarias que impacten en la mejora continua del proyecto.

CAPÍTULO CATORCE

OPORTUNIDADES PARA MEJORAR LA APLICACIÓN DE LA INTELIGENCIA APRECIATIVA

Uno de los pasos más importantes en el proceso de seguimiento y supervisión lo constituye la capacidad de desarrollar la inteligencia apreciativa que permita descubrir las oportunidades que tiene, un proyecto, servicio, actividad o función de ser mejorado. En dicho contexto existen dos alternativas generales para descubrir oportunidades: a) La definición de los avances y los logros alcanzados por el desarrollo del proyecto, la prestación de un servicio, por la realización de una actividad o por el ejercicio de una función y b) La definición de situaciones que pudieron haber afectado el progreso del proyecto, la prestación de un servicio, la realización de una actividad o el ejercicio de una función. Una vez establecido los logros y/o los obstáculos, a través del análisis y la reflexión, se detectarán las causas responsables de las situaciones descubiertas. Dicho proceso debe brindar alternativas que obren en el sentido de la mejora de la función, de la actividad, del servicio y/o del proyecto.

De esta forma, el análisis del período de tiempo que incluye el proyecto, debe definir con precisión: los avances y logros alcanzados; los motivos por lo que fue posible alcanzar determinado resultado; las prácticas que funcionaron mejor con relación a la productividad, consistencia y continuidad de determinada acción; las situaciones que afectan el desarrollo del proyecto o de la función; las causas reales de las situaciones detectadas; las alternativas específicas de solución para cada una de ellas y el personal que será responsable de ejecutar las acciones que faciliten la mejora del desarrollo del proyecto o de la función. A través del seguimiento y de la supervisión podemos definir el grado de avance, los logros y las situaciones que ha tenido o que está presentando el desarrollo del proyecto o de determinada actividad y/o función.

Para esto, debemos darnos a la tarea de conocer en profundidad el proyecto, los objetivos, las actividades y las funciones que son objeto de la supervisión mediante la revisión exhaustiva de la información que ha producido el proyecto durante el período de tiempo que considera la supervisión. Dicho estudio permitirá el conocimiento y el análisis de los antecedentes y la situación actual que tiene el proyecto (o el servicio, la actividad o la función) y tener la posibilidad de comparar los avances, resultados y/o logros contra los avances esperados en el mismo período de tiempo que se está examinando. Para el caso, seguiremos dos tipos específicos de procesos de análisis, uno para definir los avances y los logros y otro para definir las situaciones que se han presentado dificultando el desarrollo del proyecto.

La definición de los avances, los logros y los obstáculos deberán ser explorados uno a uno, mediante la implementación metodológica de un "*árbol de decisiones*", el cual debe ser desarrollado para cada una de las situaciones detectadas. Las guías que proponemos a continuación exigen, para su realización, la revisión anticipada de la información relacionada con el proyecto (antecedentes y situación actual); la realización de entrevistas individuales y grupales con las personas que participan en el proyecto o con los(as) responsables de la implementación de determinada función; del análisis, del pensamiento y la reflexión grupal; del establecimiento de consensos que permitan la toma de decisiones y la propuesta de las recomendaciones orientadas a la mejora del proyecto y/o de la función.

La aplicación de este esquema, permitirá, a aquél, que se dé la oportunidad de implementarlo, profundizar en el conocimiento de la situación que vive el proyecto o el ejercicio de la función, hecho que podrá impactar positivamente en la eficiencia, eficacia y calidad del proyecto o en el ejercicio de la actividad y de la función.

A través de estos esquemas específicos, es importante descubrir, todo aquello que subyace a una situación que, en principio, parece ser la responsable del estado que guarda el proyecto. Sin embargo, en la medida dicha situación es analizada, se llega a descubrir la existencia de otras causas que subyacen a las causas inicialmente identificadas a las que he dado en llamar *"causas aparentes"*. Descubrir las causas que subyacen a las causas aparentes, permitirá conocer el origen real de la situación que enfrentamos, lo que facilitará la propuesta de soluciones que se enfoquen a solucionar las causas responsables de las situaciones que enfrentamos, hecho que evitará la implementación de acciones paliativas y emprender, como consecuencia, la puesta en práctica de soluciones radicales que impacten de manera efectiva en la mejora del proyecto (o de la función).

En dicho tenor y con otra perspectiva, las causas aparentes de un problema podrían ser las consecuencias y efectos del mismo y las causas reales, aquellas que se alojan en la raíz del problema y que su descubrimiento permite la solución permanente del mismo.

"Dicen que la historia se repite, la verdad es que sus lecciones no se aprovechan"
Camille Sée (1847 – 1919)

Esta frase resume de forma muy clara que el seguimiento, la supervisión y la evaluación de situaciones que, por su naturaleza, son parte de la historia (que ya pasaron), no tienen razón de ser si éstas no se aprovechan para aprender de ellas y usar esa experiencia con dos propósitos: a) solucionar las situaciones que se enfrentan y b) desarrollar la inteligencia apreciativa que aporte al reconocimiento, al conocimiento y a la mejora continua.

Proceso para la definición de los avances y logros de un proyecto y del ejercicio de la función:

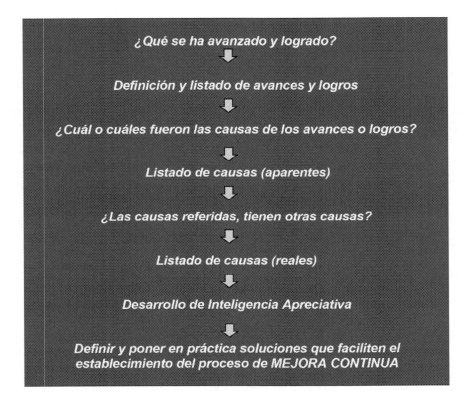

El proceso de la definición de avances y logros puede ser un ejercicio individual, sin embargo, será más enriquecedor si se lleva a cabo como una tarea grupal en donde todos los miembros del equipo de trabajo participan de manera activa para que definan, *juntos y en consenso*, el avance y los logros del proyecto o del ejercicio de la función. Una vez que estos fueron identificados, consensados y listados, a través de una segunda pregunta se busca hacer aparente lo que causó, facilitó o generó los avances y los logros descritos.

La siguiente parte del proceso es crear un listado que contenga todas las causas[92] que se expresaron como determinantes de los avances y de los logros. A éste, le llamaremos listado de *"causas aparentes"* en tanto no tengamos la certeza de que lo expresado por los(as) participantes fue lo que realmente propició los avances y los logros reportados. La certeza referida se logra una vez que puedan responder a la pregunta que intenta explorar la existencia de otras causas que subyacen a la primera lista de causas a las que hemos dado en llamar "aparentes" y que eventualmente puedan conducir al grupo al descubrimiento de las *"causas reales"* de los avances y logros del proyecto, del servicio, de la acción y/o del ejercicio de la función. Finalmente, esto permitirá que grupo seleccione y defina las mejores prácticas y la producción de un conocimiento para que, las personas que participan, las adopten y las potencialicen en aras de la mejora continua.

"Combato las Causas, No los Resultados"
Andrzej Sapkowski (1948 - ...)

Debido a que el personal se encuentra, generalmente, inmerso en la rutina de su quehacer cotidiano, estos cambios pasan de manera imperceptible por el grupo. Sin embargo, el conocimiento y la conciencia que se obtiene a través de este proceso debe impactar de manera positiva tanto en el proyecto, como en la prestación del servicio, el desarrollo de la actividad y/o en el ejercicio de la función. Cabe mencionar el impacto positivo en el personal, ya que éste, gracias a este ejercicio, podrá hacer tangible[93], reconocer y apreciar el resultado del esfuerzo desplegado por el y por el equipo de trabajo. Cuando el personal se observa como responsable de los logros alcanzados, mejora su autoestima y se comienza a experimentar como una persona capaz, circunstancias ambas, que permiten que el personal se apropie del proyecto y de su encomienda

---

[92] La causa es aquello que se considera como fundamento u origen de algo, es un motivo o razón para obrar, Diccionario de la Lengua Española, Edición Tricentenario, revisado 2017

[93] Que se puede tocar y percibir de una manera precisa. DLE, Edición Tricentenario, revisado 2017

laboral al verse como autor(a) de los avances y logros alcanzados. Cuando el equipo se llega a reconocer como responsable de los logros alcanzados, se refuerza la cohesión de grupo, su sentido de pertenencia, su identidad y se estrecha la solidaridad, dándole la importancia que merece el trabajo de equipo y el pensamiento grupal.

Salir de la inercia del trabajo cotidiano para adoptar una actitud propositiva y creadora en el desarrollo de un proyecto y/o de una función, le permite al personal tener la oportunidad de reconocer que el trabajo que se encuentran llevando a cabo, los está conduciendo al logro de los objetivos y de la misión institucional.

> *"Ningún descubrimiento se podría hacer, si no se contara con lo que sabemos"*
> **Seneca (4 a.C. – 65 d.C.)**

El proceso esquematizado que presento a continuación, reproduce el proceso previamente descrito hasta llegar a la definición de las *causas reales* de las situaciones que fueron definidas para proceder a determinar el origen de las mismas, es decir, si la situación detectada tiene que ver con causas programáticas relacionadas con la capacidad técnica u operativa del personal o si éstas obedecen a un problema de origen eminentemente administrativo. Es importante mencionar que dichas causas pueden tener también un origen mixto, es decir, tanto programático, como administrativo. Ya definido el origen de las situaciones, el equipo procederá a proponer una serie de alternativas de solución, en donde ésta puede circunscribirse a una, a dos o a las tres áreas referidas, según sea el origen del obstáculo detectado. Esta ofrecerá por ejemplo, los elementos necesarios para planear y proponer la capacitación y la asistencia técnico-gerencial-administrativa que se enfoque, de manera eficiente y eficaz, a la solución de la(s) situación(es) detectadas que resulten en la producción en la mejora esperada y se dejen atrás la implementación de intervenciones meramente paliativas[94].

---

[94]   Intervenciones que se enfocan a los síntomas y no a las caudas que los generan. Un remedio que solo mitiga de manera transitoria el problema o el obstáculo detectado.

Una vez definido el plan de acción orientado a solucionar de raíz las situaciones detectadas, se deberá precisar, el enfoque que tendrá (operativo, administrativo o mixto), quién o quiénes serán las personas responsables de ejecutarlo, cómo y cuándo será ejecutado, cuáles son los resultados esperados y cómo la intervención de capacitación y asistencia técnica o administrativa será supervisada y evaluada.

La información que produce el proceso de capacitación y asistencia técnico-gerencial-administrativa, nos permite construir un sustento que facilite el seguimiento, la supervisión y la evaluación del impacto del referido proceso en el desarrollo del proyecto o en el ejercicio de la actividad y de la función.

Con la intención de afinar el plan de acción orientado a la solución de los obstáculos detectados durante el proceso de análisis y reflexión, las preguntas ¿En qué estamos fallando? y ¿Qué debemos cambiar? nos ayudan a definir específicamente lo que deseamos que la persona cambie o modifique de acuerdo con análisis realizado. Para cumplir este propósito, nos apoyamos con las siguientes preguntas: ¿Qué queremos que comiencen a hacer que no están haciendo?, ¿Qué queremos que dejen de hacer que no están haciendo bien?, ¿Qué deseamos que haga diferente? y ¿Cuáles son los conocimientos, actitudes y habilidades que son necesarias para solucionar los problemas que afectan el desarrollo del proyecto? La pregunta ¿Por qué están fallando? nos ayudará a definir el tipo de capacitación que se requiere para solucionar los problemas.

Descubrimiento de obstáculos y situaciones en el curso de un proyecto:

¿Qué situaciones han enfrentado en el desarrollo del que han afectado su desarrollo y/o el ejercicio de la función?

⬇

Definición y listado de las situaciones

⬇

¿Cuál o cuáles fueron las causas de las situaciones referidas?

⬇

Listado de Causas (Aparentes)

⬇

¿Qué hay detrás de las causas enunciadas?

⬇

Listado de Causas (Reales)

⬇

¿A qué tipo de áreas corresponden las causas reales detectadas?

⬇

¿Por qué están fallando, qué debemos cambiar?

Situación Programática (Técnico-Operativo)		Situación Administrativa
⬇	⬇	⬇
Capacitación (C)	Asistencia Técnica (AT)	Administración
¿Quién necesita la C?	¿Quién Necesita la AT?	¿Cuáles son los Problemas Administrativos?
¿Qué tipo de C requieren?	¿Qué Tipo de AT requieren?	Listado de problemas administrativos
Listado de cursos de C	Listado de áreas de AT	Áreas administrativas responsables de los mismos
Responsables y Cronograma de C	Responsables y Cronograma de AT	¿Qué tipo de solución tienen?
Objetivos de Aprendizaje por C	Objetivos de AT por Área	Capacitación y Asistencia Técnica
		Objetivo de la CAT Administrativa
Parámetros de evaluación de C y AT		
Definición de prioridades de aprendizaje		
		Otra solución administrativa
Seguimiento y supervisión de C y AT y otras soluciones (en área administrativa)		

De manera general, hay tres motivos por los que las personas fallan: a) *porque no pueden, b) porque no quieren y c) porque ni pueden ni quieren.* La pregunta ¿Quién necesita la capacitación? nos permite definir quién, específicamente, necesita la capacitación y el tipo de capacitación que necesita cada quién. Esto nos permite enfocar el esfuerzo de capacitación y asistencia técnica y contribuir para que el proceso de intervención que considera el proyecto o la función, sean más eficientes y más efectivos. No se trata de capacitar por capacitar o pensar que todos(as) son los(as) que necesitan la capacitación o de inferir que todos los problemas se resuelven con capacitación.

El hecho de que la persona o personas no lo pueda(n) hacer, denota carencia o falta de conocimientos, es decir, simplemente no lo saben hacer. También se da el caso de que pueden tener el conocimiento, pero carecen de la habilidad necesaria para ejercer la función o la responsabilidad que se les solicita que desempeñen, es decir, no lo hacen adecuadamente porque no tuvieron la práctica necesaria o porque nadie les enseñó cómo hacerlo. Otra explicación es la falta de talento básico, considerando que algunas habilidades requieren de una aptitud (competencia) que es natural o que se adquiere a través de la experiencia; por último, no lo pueden hacer porque no tienen el control sobre la función, la actividad o la acción que se va a ejecutar debido a que las instrucciones recibidas fueron incompletas, por la falta de material, equipo y suministros o porque no tienen claridad sobre la función que deben desempeñar y, por tanto, no la conocen. Si reflexionan sobre los posibles motivos por lo que las personas no lo pueden hacer, descubrirán varias alternativas que seguro darán solución a las situaciones que surjan como consecuencia.

El hecho de que las personas no lo quieran hacer, denota un problema de actitud que pudiera ser resultado de una falta de identidad institucional o del desconocimiento que pudieran tener sobre la importancia de su participación en la consecución del bien común, situación que refleja, a su vez, el desconocimiento de la misión, la visión, la filosofía y los objetivos institucionales. La referida actitud pudiera ser, también, consecuencia de una falta de motivación e interés por desarrollar su tarea, de la existencia de una posición negativa hacia la organización o hacia sus compañeros(as) de trabajo. La actitud negativa, en ocasiones es el reflejo de la sensación o la percepción de que piensan que, a pesar de estar haciendo bien su trabajo, no se sienten reconocidos(as) o recompensados(as) o por el hecho de que perciben la existencia de preferencias que destacan la labor de otros(as) que, de acuerdo a ellos(as), están haciendo mal las cosas. También se podría explicar porque piensan que no tienen la posición institucional que les corresponde o que creen merecer ya que nadie trabaja como ellos(as). Ante una actitud negativa, descubrir los motivos que subyacen a ésta, constituyen oportunidades para que dicha actitud pueda ser neutralizada, modificada y revertida.

El no poder ni querer hacer su trabajo y aceptar las responsabilidades que les corresponden, generalmente, es resultado de la combinación de dos o más de los factores presentados en ambas categorías de motivos. Como pueden observar a través de estos ejemplos, el análisis y la reflexión de las causas, produce una riqueza de información que permite poner sobre la mesa una serie de alternativas que favorecen la solución de las situaciones que se presentan durante la vida cotidiana de un proyecto y del ejercicio de la función.

El(a) responsable de la organización, el(a) jefe(a) del departamento o de un proyecto dado, así como el(a) supervisor(a) asignado al departamento o al proyecto, son los responsables de llevar a cabo el proceso de evaluación preventiva, serán los(as) que coordinen el proceso de definición de los logros, obstáculos y las "causas reales" de cada uno de ellos. La evaluación preventiva[95] es una revisión a profundidad de la situación institucional en el curso de un proyecto, la cual permite conocer el estado que guarda al momento de llevar a cabo la evaluación y detectar, a tiempo, aquellas cosas que hay que potenciar (logros) y aquellas otras que hay que resolver a través de acciones específicas que serán determinadas por la naturaleza de los obstáculos detectados. Paralelamente a ello, quien lleve a cabo este procedimiento tendrá la responsabilidad de promover la participación, capacitar, delegar, asistir y

---

[95]   La evaluación preventiva incluye los siete puntos descritos al inicio de este capítulo "Definición de las oportunidades para mejorar".

apoyar al personal de la organización o del proyecto para que desarrolle esta capacidad.

De acuerdo a la experiencia adquirida, recomiendo que el proceso de evaluación preventiva, el cual trasciende en profundidad a la supervisión, se lleve a efecto cada cuatro meses, incluyendo en las subsiguientes evaluaciones preventivas, la metodología, la revisión de la implementación y de los resultados de las recomendaciones propuestas en la evaluación previa. Los resultados de estos procesos deben generar productos específicos (reportes, conclusiones y recomendaciones) que servirán de base para establecer el seguimiento y la supervisión del proceso de mejora continua.

Diseño de los Objetivos de Aprendizaje. El tránsito por los pasos del proceso hasta aquí presentado, nos provee de los insumos necesarios para poder diseñar y definir los objetivos de aprendizaje que deberán ser establecidos para los procesos de capacitación a ser implementados. Un objetivo de aprendizaje debe considerar ciertas características para que la persona que lleva a cabo la capacitación, pueda facilitar su cumplimiento. Las características que deben incluir como cualquier otro objetivo, es que deben ser medibles, apropiados al propósito que se pretende obtener con dichas acciones, ubicados en tiempo, específicos y realistas. El diseño de los objetivos de aprendizaje debe considerar quién será capacitado, los temas sobre los cuales recibirá la capacitación o la asistencia técnico-gerencial-administrativa, el tiempo que llevará la acción de capacitación, las condiciones bajo las que se llevará a efecto y se alcanzará lo pretendido, el tiempo óptimo que se espera para que el(la) capacitado(a) obtenga el conocimiento, la actitud, la habilidad y la funcionalidad deseada, el proceso que se seguirá para la consecución de dichos logros, cómo se llevará a efecto el seguimiento y la supervisión y cómo serán evaluados los objetivos de aprendizaje planteados y los logros esperados.

Teniendo presentes los elementos descritos, los objetivos de aprendizaje se enfocarán a la producción de mejoras medibles en calidad, costo-eficiencia, costo-efectividad y costo-beneficio; a mejorar la ejecución de la función y la habilidad de los participantes para cumplir con sus funciones y responsabilidades; a incrementar el conocimiento de los participantes con respecto a los contenidos que deben manejar para el cumplimiento de sus funciones en el contexto del proyecto o del ejercicio de una función dada, mejorando la motivación de la persona, lo que deberá producir una reacción favorable de los participantes con respecto a la importancia y el valor que tiene la tarea que llevan a cabo en el contexto de un proyecto y de la organización misma. La receptividad exige de la sensibilización y del cambio de actitud del(a) capacitado(a) y comprender, por último, la trascendencia que tienen la eficiencia, la eficacia y la calidad en el logro de los objetivos, la filosofía, la misión y la visión institucional.

Análisis e Interpretación del Avance y de la Situación Actual de un Proyecto Determinado. En las páginas previas, describimos los procesos para la definir de logros y obstáculos de un proyecto. Mediante el desarrollo de dichos procesos, la persona que lleva a efecto el análisis, descubre que éste, tiene diversos planos de profundidad, dándose cuenta que el primer nivel de análisis lo llevará, con la suficiente intuición, imaginación y creatividad, a otro nivel y, éste a su vez, a otro y así sucesivamente. Con esa intención presentaré, a través de un ejemplo, una idea muy general de los diferentes niveles de análisis, reflexión e interpretación que exige cualquier proyecto para conocer el estado que guarda en determinado momento, los logros que ha obtenido, las situaciones que ha o ha estado enfrentando y cómo arribar a las conclusiones y recomendaciones enfocadas a su solución.

A continuación, y a manera de ejemplo, presentaré los diversos niveles de análisis, empleando un proyecto de promoción de participación voluntaria de la comunidad, en la inteligencia de que la secuencia de análisis y reflexión que mostraré a continuación, puede ser aplicada *a cualquier tipo de proyecto*. Aun y cuando pudiera parecer un *poco tediosa la secuencia*, los invito a que la sigan ya que lo verdaderamente importante es que puedan reconocer que en la medida en que profundicen en el conocimiento de determinada situación, descubrirán los diferentes niveles de análisis que resultan en la medida en que se va obteniendo la claridad de la situación y el surgimiento de propuestas de solución.

Primer nivel de análisis:

¿Qué situación existe que interfiere con el desarrollo del proyecto?
R = El personal del proyecto no está cumpliendo las metas de
participación comunitaria (coordinadoras y promotoras voluntarias).
¿Cómo podemos saber si están o no cumpliendo las metas? R = El primer
paso en el análisis es identificar si la situación que se expresa, existe.

Para esto se deben conocer las metas de proyecto, lo cual se logra
solicitando y revisando la propuesta escrita del proyecto original y
solicitando, al responsable del proyecto, la información que tienen del
proyecto (informes del proyecto). Con esta información, podremos
comparar las metas de participación a las que se comprometió la
organización, con el avance que tiene el proyecto al momento de la
visita de supervisión/evaluación. Dicha comparación permitió tener
una idea precisa del avance de dicho objetivo: conocimos el porcentaje
de cumplimiento de la meta propuesta. Ubicando el porcentaje de
cumplimiento en el tiempo de ejecución que lleva el proyecto, nos
permitió conocer si el proyecto estaba o no, cumpliendo las metas
esperadas al momento de hacer la visita de supervisión/evaluación.
Dicho conocimiento resulto de comparar el grado de avance esperado
al momento del análisis, con el avance alcanzado en ese período.
Así, determinamos que la meta de participación comunitaria no se
estaba cumpliendo, por lo que se confirma la existencia de la situación
presentada.

Segundo nivel de análisis:

*¿Qué antecedentes tienen con relación a la situación que manifiestan?,
¿Qué ha pasado en el tiempo que ha transcurrido desde que comenzaron hasta
el momento actual?* R = Durante el primer trimestre íbamos muy bien,
sin embargo, durante el transcurso del segundo trimestre comenzamos
a ver que no podíamos cumplir la meta propuesta. *¿Cómo se dieron
cuenta de eso?* R = Al revisar los informes nos dimos cuenta que avance
que llevábamos, compararlo contra el número que deberíamos tener de
coordinadoras y promotoras en el segundo trimestre. *¿Cómo determinaron*

el nivel de retraso? Cuando revisamos las metas que deberíamos tener de coordinadoras y promotoras al termino del 2° semestre, nos dimos cuenta que nos encontrábamos por debajo de la meta.

Tercer nivel de análisis:

¿Cómo lo explican?, ¿Cuál creen Ustedes que fue la causa? La Trabajadora Social que tenía la responsabilidad detectar, involucrar y capacitar a las Coordinadoras de Promotoras, no cumplió esa meta requerida de Coordinadoras de Promotoras para asegurar la participación voluntaria de la meta de promotoras comunitarias. Ella, la trabajadora social era la responsable de cumplir la meta de coordinadoras. Así lo hizo durante el primer trimestre y el problema se comenzó a dar durante el segundo trimestre. Además, las coordinadoras que ya estaban participando y que ya habían sido capacitadas, no estaban cumpliendo con la meta que deberían tener de promotoras voluntarias al tiempo de la supervisión. Las Coordinadoras de Promotoras eran, de acuerdo al proyecto, las responsables de detectar e involucrar a las promotoras. *¿Cuántas promotoras deberían tener las Coordinadoras que tienen?* Solo la mitad del número de promotoras voluntarias que deberían tener al término del 2° trimestre del proyecto. *¿Cómo se dieron cuenta hasta que termino el segundo trimestre?* R = Pues fue cuando nos dimos cuenta. Como deberán darse cuenta esta respuesta evidencia una falta de seguimiento y supervisión por parte de la Trabajadora Social y de las Coordinadoras de Promotoras. *¿Cómo podían haber dado cuenta de eso?* R = 1) Revisando los informes mensuales del proyecto (programáticos). 2) Entrevistando al personal del proyecto. 3) Haciendo el seguimiento y la supervisión que no hicimos y 4) Analizando los logros alcanzados después de dos trimestres contra las metas anuales de participación establecidas para el proyecto. *¿Cómo establecieron las metas de coordinadoras y de promotoras?* R = No sabemos, no participamos en la elaboración de la propuesta. *¿Saben cómo se establecen?* R = No. *¿Conocen lo que son los estándares de productividad para la Trabajadora Social, la Coordinadora y las Promotoras?, ¿Midieron el Uso de la Capacidad Instalada de su Personal Voluntario?* R = No lo conocemos y claro, no sabemos cómo medir eso. En este caso, se debe

medir el uso de la capacidad instalada (UCI) se mide empleando como referencia los estándares de productividad para el personal voluntario[96]. En dichos estándares, se indica cuántas coordinadoras de promotoras debería tener cada una de las trabajadoras sociales, cuántas promotoras debería tener cada coordinadora de promotoras y a cuantas familias debe cubrir cada promotora. La determinación del UCI de los diferentes niveles operativos del programa de participación voluntaria se encontraba por abajo del estándar esperado al tiempo de la evaluación.

Cuarto nivel de análisis:

¿Saben cuál fue la causa o los motivos por los que bajó la productividad de la trabajadora social y la de las coordinadoras? R = No, lo desconocemos. Ya en este nivel habíamos definido que no estaban cumpliendo la meta, que no habían participado en la propuesta, que desconocían como se establecían las metas para el personal voluntario, que desconocían los estándares de productividad y la metodología para medir el uso de la capacidad instalada. También se evidencio una falta de seguimiento y de supervisión por lo que el problema se detectó hasta los sesi meses de haber iniciado el proyecto. Ante esa respuesta, el supervisor(a)/ evaluador(a), procedió mediante la revisión del plan de trabajo y de la realización de entrevistas con los diferentes niveles directivos de la organización y operativos del proyecto y la medición del uso de la capacidad instalada, se dio cuenta que el personal responsable del programa de participación comunitaria además de que no conoce el plan

---

[96] Los estándares de productividad para el personal que trabaja en un proyecto son establecidos por la propia organización responsable del proyecto. Estos se deben establecer con base en una investigación que tiene el objetivo de medir la capacidad de atención y/o de prestación de servicios de cada una de las personas que participan en un proyecto específico. El estándar se establece fundamentándose en el análisis histórico de la productividad de la organización y de otras organizaciones similares realizando el mismo tipo de trabajo. Se establece usando medidas de cantidad, tiempo y calidad de atención y de servicio, es decir, hasta cuantas personas puedo servir en determinado tiempo y atenderlas sin que la calidad de atención se vea afectada y se cumplan todos los requerimientos de capacitación, asistencia técnica, supervisión y evaluación.

general de trabajo, la trabajadora social no se dio a la tarea de hacer su plan específico de trabajo y, como consecuencia, tanto la trabajadora social como las coordinadoras de promotoras no sabían cuántas personas debían reclutar y en qué período de tiempo las deberían tener. A las situaciones detectadas y descritas a través de los diferentes niveles de análisis, nos percatamos que tampoco habían desarrollado su plan de trabajo por área de responsabilidad. Los motivos mencionados hasta este momento, cuestionan las acciones que la organización debió haber realizado durante la contratación de personal: inducción institucional, inducción al proyecto, inducción al puesto, dar a conocer el proyecto, establecer funciones y responsabilidades, capacitación y delegación de la respectiva autoridad para asumir las responsabilidades que le confieren, así como la falta de la realización de un plan específico de trabajo. Las mismas causas o motivos se extienden a las coordinadoras de promotoras. *¿Cómo se llegó a estas conclusiones?* R = A través de la revisión y análisis de los informes de progreso y de las entrevistas estructuradas con el personal responsable, a las que se les preguntó sobre el proyecto, entrevistando a las Coordinadoras de Promotoras, observando su despliegue operativo en el campo de trabajo, su comunicación (forma, claridad, contenido), la reacción de las personas con las que entra en contacto, las actitudes y conductas que manifiesta y el nivel de conocimiento que tiene con relación al ejercicio de sus funciones y responsabilidades.

Quinto nivel de análisis:

¿Cómo se puede obtener mayor especificidad en la definición de las causas y los(as) responsables de las mismas? Otras entrevistas, ya con temas específicos que resultaron del análisis anterior, complementaron lo hasta ahora analizado. Así descubrimos que tanto la trabajadora social como las coordinadoras y las promotoras desconocen sus funciones, que no tienen la claridad necesaria con relación a las líneas de comunicación y de autoridad, que hay problemas de comunicación entre la dirección del proyecto y la trabajadora social. Observamos también que ésta trata a las coordinadoras como si fueran "empleadas" de la institución, dejando de reconocer que ellas participan en calidad de voluntarias y que

ella, la trabajadora social, les debe todo su respeto y consideración. El hecho de que la coordinadora de promotoras no tenga el conocimiento requerido para el ejercicio de su función es responsabilidad absoluta de la trabajadora social. Al explorar los aspectos financieros, cuestionamos el gasto que se había ejercido en el renglón de pago de viáticos para las Coordinadoras de Promotoras, encontrando que la trabajadora social indicó que ya no tenía dinero para pagar a más coordinadoras y, según ella, eso explicaba el hecho de que no podía contar con más coordinadoras. Explorando esta respuesta con mayor profundidad, nos dimos cuenta que tanto la dirección del proyecto como la trabajadora social decidieron pagarles a las coordinadoras que se habían establecido una cantidad mensual sin considerar que ese hecho agotaría, de manera anticipada, el presupuesto anual de viáticos que estaba considerado para todo el personal voluntario. Este nivel de análisis agrega otras situaciones: desconocimiento de funciones y responsabilidades por nivel operativo; desconocimiento de líneas de comunicación; un trato inadecuado de la trabajadora social sobre el personal voluntario; desconocimiento del modelo de participación voluntaria de la comunidad y un gasto presupuestal excesivo que agotó el presupuesto para cubrir los viáticos de las coordinadoras de promotoras.

Sexto nivel de análisis (del descubrimiento de las soluciones):

¿Las situaciones detectadas tienen un origen que se resuelve con capacitación y asistencia técnico-administrativa o requieren de otras alternativas de solución? A partir de esta pregunta, podemos desarrollar el proceso descrito con anterioridad[97] y determinar si las situaciones detectadas en los diferentes niveles de análisis, se pueden resolver con capacitación, asistencia técnica, medidas administrativas o una combinación de dos o más alternativas de solución. En la medida en que vayan descubriendo las diversas situaciones que generan el análisis descrito, les será muy fácil establecer soluciones que se enfoquen en las causas reales y dar soluciones definitivas a cada uno de las situaciones detectadas. Este análisis debe permitir a la persona o personas que lo

---

[97]   Proceso para el descubrimiento de obstáculos y situaciones en el curso de un proyecto

realizan, arribar a una serie de conclusiones y recomendaciones que se puedan traducir en el diseño de una intervención que se oriente de manera específica a la solución de cada una de las situaciones específicas que fueron detectadas y facilita el establecimiento de un plan muy específico que permite dar el seguimiento y la supervisión de esta intervención.

Conclusiones del Proceso de Análisis:

Después del análisis realizado, llegamos a las siguientes conclusiones:

1. Falta de cumplimiento de las metas de participación voluntaria de la comunidad.
2. Existe un desconocimiento, por parte del personal del proyecto, de los motivos que explican la falta de cumplimiento.
3. El personal responsable no conoce la propuesta de trabajo del proyecto.
4. Como consecuencia, no existe el plan específico de trabajo que debió haber sido elaborado como parte del ejercicio de su responsabilidad.
5. Existe desconocimiento de las funciones y responsabilidades de todo el personal que participa en el proyecto (asalariado y voluntario).
6. La inducción del personal asalariado contratado para propósitos del proyecto fue inadecuada o simplemente no la tuvieron.
7. Se detectó también una falta de inducción y de capacitación al área comunitaria de la organización, al proyecto y al puesto.
8. Ante la falta de inducción, resulta evidente que existe un conocimiento inadecuado de la misión, los objetivos y la filosofía tanto de la institución, como del proyecto.
9. El personal asalariado y voluntario desconoce sus funciones y responsabilidades.
10. Hay un desconocimiento de la filosofía, la importancia que sustentan la promoción voluntaria de la comunidad y la responsabilidad solidaria y social que tiene ésta a favor de sus semejantes.

11. Aunado a lo anterior, no se conoce la metodología de la promoción de la participación comunitaria, hecho que afectó su desarrollo.

12. Al observar el despliegue operativo del personal asalariado y voluntario se notó falta de capacitación tanto temática como metodológica y operativa.

13. Se detectaron problemas de respeto de líneas de comunicación.

14. Mal manejo presupuestal para el personal voluntario al agotar el concepto que estaba destinado a viáticos al ofrecer un pago mensual a las Coordinadoras de Promotoras que deberían tener el carácter de voluntarias.

Recomendaciones emanadas del proceso de análisis:

Con sustento en las conclusiones que surgieron como consecuencia de la elaboración de los diferentes niveles de análisis, se llegaron a las siguientes recomendaciones:

1. Implementar un proceso de inducción a la organización, al área comunitaria y al proyecto a la trabajadora social (TS).

2. Darle a conocer a la TS el plan general del proyecto.

3. Darle a la TS una inducción al puesto, establecerle y darle por escrito sus funciones y responsabilidades y delegar en ella la autoridad que requiere para el ejercicio de las mismas.

4. Considerando que no conoce la metodología de trabajo, darle una capacitación inicial que de la justificación y la importancia que tiene la participación activa y responsable de la comunidad y que le enseñe, además, la forma de cómo se establece un módulo de promotoras comunitarias, el tiempo y el proceso que requiere, que conozca los estándares de calidad y productividad para cada uno de los niveles operativos del modelo de participación comunitaria, el tiempo que requiere de implementación y cuáles son las prioridades con relación a las metas que el proyecto demanda que sean cumplidas.

5. Enseñarle la metodología de capacitación de capacitadores o de generación de multiplicadores de capacitación e indicarle la

importancia de que delegue en las coordinadoras de promotoras las funciones y la autoridad necesaria para el ejercicio de las mismas.

6. Una vez capacitada, solicitarle a la TS que realice un plan detallado de trabajo por área de responsabilidad.

7. Establecer los mecanismos que aseguren que está poniendo en práctica dicho modelo y supervisando el ejercicio del mismo.

8. Darle a conocer la estructura organizacional para solucionar los problemas relacionados con el ejercicio de la función, la delimitación de las responsabilidades, el respeto de las líneas de autoridad y de comunicación del sistema.

9. La TS a su vez, debe hacer lo mismo con sus subalternos (coordinadoras de promotoras y promotoras) en la medida en que se vayan incorporando al proyecto, para que conozcan a la institución a la que se están integrando, tengan una inducción al proyecto y al puesto que voluntariamente van a desempeñar, que conozcan la misión y los objetivos del mismo, su importancia, sus funciones y responsabilidades. Que se le establezca la autoridad que tienen en el contexto del proyecto, autoridad que se la da la función que se les pide desempeñar y su carácter voluntario, que conozcan la estructura del proyecto y las líneas de comunicación e información y el sistema de registros.

10. Que ubique a las Coordinadoras de Promotoras y a las Promotoras con su carácter de voluntariedad, en el contexto institucional, haciéndoles saber que ellas son el puente que une a la institución con la comunidad y a esta con la institución. Con dicha perspectiva son el vehículo para manifestar las necesidades y demandas de las personas que atienden para que la institución procure los recursos necesarios para proceder a su satisfacción.

11. Los problemas relacionados con la actitud y el ejercicio de la autoridad deben ser solucionados de manera frontal con la TS durante la inducción institucional, sobre todo al describir la misión, la filosofía, los valores y los objetivos de la organización. Tanto a la TS como a cualquier otra persona asalariada le debe quedar claro cuál es la razón de ser de la organización a la que pertenecen.

12. Se recomienda también que los programas de capacitación, asistencia técnica, supervisión y evaluación se extiendan al resto del personal y se impartan de una manera sistemática y continua.

13. Es fundamental dejar claro en todas las personas que participan, que funciones competen a cada una de ellas, cuál es su nivel de responsabilidad y el nivel de autoridad que tienen, hechos que facilitarán el seguimiento, la supervisión y la evaluación por parte de la organización. Si recuerdan, se dieron cuenta del retraso del cumplimiento de metas tres meses después.

14. Se propone el ejercicio del análisis y la reflexión sistemática de la información generada por el proyecto como elemento fundamental para detectar a tiempo las situaciones que se presenten en el desarrollo del proyecto, se prevenga la emergencia de obstáculos que afecten su desarrollo para intervenir a tiempo y establecer el proceso de mejora continua.

15. El desconocer que la participación de la comunidad tenía carácter de voluntario y que el recurso disponible estaba destinado para cubrir solo los gastos de viáticos, generó un problema en el ejercicio del presupuesto que debe ser resuelto, ya que la opción adoptada de darles una cantidad mensual determinada, comprometió un gasto mensual que no estaba considerado en el presupuesto original (por desconocimiento de la propuesta, del presupuesto y de la metodología de trabajo), lo que obliga a la organización a adoptar las alternativas que se proponen a continuación para poder cumplir las metas del proyecto. Estas son:

    o Terminar la relación con las coordinadoras contratadas.
    o Destinar el presupuesto restante para el fin que éste tenía en el presupuesto original (viáticos).
    o Incorporar a las coordinadoras que faltan sin ningún emolumento mensual y cubrirles solo los gastos relacionados con los viáticos,

o Incluir al número de coordinadoras que faltan bajo los mismos parámetros económicos de las que ya se habían incorporado, hecho que afectaría aún más el presupuesto. Para poder cumplir con este punto podríamos proceder a buscar fondos dentro de la organización que permitan cubrir este gasto y buscar otros fondos adicionales que permitan reestablecer el renglón de viáticos para el personal voluntario.

Propuesta de Capacitación y Asistencia Técnica. Con base en las conclusiones y recomendaciones del análisis y la reflexión del estado de la situación actual de un proyecto determinado, continuando el ejemplo, elaboraremos en este apartado una propuesta de capacitación y asistencia técnica más específica la cual será sustentada en las conclusiones y recomendaciones que acabamos de presentar, misma que desarrollaremos a través de algunas de las preguntas estructurales.

¿PARA QUÉ? La propuesta de capacitación y asistencia técnica se elabora para darle sentido de ser al proceso de análisis y reflexión recién terminado. La definición precisa de las situaciones que están afectando el progreso del proyecto y de las causas reales que las originan, nos permiten diseñar y presentar una propuesta de capacitación y de asistencia técnica que contribuya, de manera eficaz, a la solución de cada una de las situaciones presentadas y dar inicio al establecimiento de un proceso de mejora continua, mediante el uso eficiente de los recursos institucionales que favorezcan el reajuste de los tiempos del proyecto y la implementación de las medidas necesarias que contribuyan al cumplimiento de sus objetivos y de las metas programáticas del proyecto en tiempo y forma.

¿CON QUÉ? El insumo más importante de este apartado lo constituye, sin lugar a dudas, las conclusiones y las recomendaciones que emanaron como resultado del proceso de los diferentes niveles de análisis y reflexión de la situación inicialmente presentada (incumplimiento de metas de participación).

¿CÓMO? Elaborando una de trabajo integral (plan de intervención) que, tomando en consideración las recomendaciones del análisis, contemple un plan específico de capacitación y la asistencia técnica que requieren, la re-definición, en su caso, de los objetivos y metas del proyecto, el desarrollo del plan de trabajo específico que incluya las propuestas de mejora continua y la definición de las personas responsables que conozcan sus funciones y se les otorgue para facilitar el ejercicio de las mismas. La propuesta deberá incluir el establecimiento de una inducción a la institución, al área, al proyecto y al puesto de cada una de las personas participando en el proyecto. El dar a conocer el proyecto a todos(as) los(as) participantes y ofrecer una capacitación inicial que incluya la metodología y el desarrollo de la infraestructura que conforma el módulo de participación comunitaria. Dar una capacitación que transfiera la metodología de capacitación de capacitadores que permita cubrir a todos(a) los(as) participantes en el proyecto. Establecer un sistema de evaluación del personal con base en la productividad, la definición de actividades, tiempos y responsables, la definición de un plan de evaluación, la redistribución o redefinición del presupuesto y, lo más importante, un plan puntual de seguimiento, supervisión y evaluación de carácter participativo que permita sentar las bases para sistematizar el proceso de mejora continua.

CAPÍTULO QUINCE

MEDICIÓN DEL DESEMPEÑO98

"Por favor, me puede decir ¿Que camino debo seguir a partir de aquí? preguntó Alicia. Eso depende mucho a dónde quiere llegar, dijo el Gato, eso no me importa mucho, respondió Alicia, entonces, no tienen la menor importancia por donde vaya', dijo el Gato"
Lewis Carroll (1832 – 1898), en Alicia en el País de las Maravillas

LA MEDICIÓN DEL DESEMPEÑO exige del establecimiento de indicadores contra los cuales se va a medir el progreso o el "desempeño" de determinado proyecto. Es una herramienta que se emplea para medir la eficiencia, la efectividad, el cumplimiento de los objetivos y de la misión

---

98 Diccionario de la Lengua Española: Medición es comparar una cantidad con su respectiva unidad. Comparar algo no material con otra cosa. Actuar, trabajar, dedicarse a una actividad, sacar a alguien airoso (con honor, fortuna o lucimiento), del empeño (afán de conseguir algo) en el que se encontraba, Edición Tricentenario, 2016.

de la organización y que le dé sustento, honradez, integridad, objetividad y por lo tanto imparcialidad a los logros obtenidos por la organización.

> *"La sobrevivencia de una organización social no lucrativa se encuentra supeditada a la capacidad que adquiera para medir y evaluar su desempeño"*
> **Alexandra Medina-Borja and Konstantinos Triantis, A Conceptual Framework to Evaluate Performance of Non-profit Social Service Organizations, 2007"**

Un indicador es un elemento de información que sirve o se emplea para mostrar, medir, señalar o darle significado a algo. El indicador es un punto de referencia que resulta de un proceso de análisis de uno o más factores que permiten medir o "establecer" el estado que guardan ciertas situaciones (realidades, escenarios, contextos, circunstancias) que desean ser modificadas a través de la ejecución de un proyecto específico.

Un indicador permite medir y comparar el desempeño de un proyecto teniendo como referencia uno o más indicadores entre períodos específicos de tiempo.

> *"Un indicador es un valor observable de una variable, un signo o una señal de presencia o ausencia del concepto estudiado"*
> **Earl Babbie (1938 - ...)**

Considerando que el indicador es un valor que define el estado de una situación dada al inicio de un proyecto, su medición, a través del tiempo, nos permitirá valorar la magnitud del cambio alcanzado del proyecto como consecuencia de las intervenciones llevadas a cabo con el objeto de mejorarlo. De esta forma, con un indicador podremos medir, durante la fase de desarrollo de un proyecto, su grado de avance y al término de la intervención, evaluar y apreciar el cumplimiento del objetivo y el nivel del impacto social alcanzado con relación al indicador de base establecido.

> *"La mayor parte de los hechos son inobservables, por lo cual hay que inventar indicadores"*
> **Mario Bungue (1919 - ...)**

Al referirnos al Marco Lógico, describimos tres tipos de indicadores a los que nos referiremos en el contexto de este libro: *Los indicadores de productos, de efecto y de impacto*. La medición del desempeño es el proceso que resulta del registro, recolección, análisis e interpretación de la información, dentro de un período determinado de tiempo. Tiene el objetivo de evaluar el desempeño y los logros de un individuo, de un grupo, de un proyecto o de una organización. Ésta incluye, como consecuencia, el estudio de las estrategias y los procesos implícitos en cada una ellas, en el contexto de un proyecto y de una organización. Implica, también, el estudio de la construcción y el diseño de los procesos para conocer y evaluar si el resultado obtenido se encuentra en concordancia a lo que el proyecto esperaba obtener como resultado. El referido estudio de la construcción de los procesos y su alineación a los objetivos propuestos, permite, por el nivel de análisis que requiere, la posibilidad de su reconstrucción para hacerlos más eficientes y más eficaces, de tal forma que su aplicación ulterior brinde mejores resultados.

El indicador de desempeño (ID) evalúa el éxito de un proyecto con relación al ejercicio de una serie de actividades por medio de las cuales se espera alcanzar el o los objetivo(s) propuesto(s). El éxito de la medición de desempeño empleando dichos indicadores se circunscribe a dos aspectos: 1) Al grado de avance con relación a un objetivo estratégico y 2) Al logro de los objetivos operativos establecidos. Los indicadores de desempeño están o deben estar asociados a iniciativas de mejoras de desempeño. El mejor indicador es aquel que se define teniendo muy claro lo que es importante para la organización, considerando que esto nos conducirá al descubrimiento de situaciones que tienen un potencial de mejora para establecer, como consecuencia, procesos de mejora continua.

En conclusión, los indicadores de desempeño definen un conjunto de valores contra los que se desea medir el impacto que tuvo el cumplimiento de los objetivos y las metas de un proyecto. La demostración de dicho impacto es la que definirá la calidad de la intervención llevada a cabo. Por tal motivo, durante el desarrollo de una propuesta de trabajo, el paso inmediato a la definición de los objetivos lo constituye la definición de los indicadores contra los cuales se medirá el éxito (impacto) de un proyecto.

Durante el seguimiento del cumplimiento de los indicadores, nos encontramos con resultados que indican si el proyecto está mejorando con relación a los indicadores base, otros, que nos dicen si lo que se está haciendo es suficiente para producir el cambio deseado que contribuya al cumplimiento de la misión y el análisis del ejercicio presupuestal que miden el estado financiero del proyecto (o de la organización) y, si éste es costo eficiente, costo efectivo con relación a los logros alcanzados y poder, si así se desea, darle un valor económico a la acción social llevada a cabo.

La UNESCO[99] en 1979, define la evaluación como un proceso encaminado a determinar de manera sistemática y objetiva la pertenencia, la eficiencia, la eficacia y el impacto de todas las actividades de un proyecto o de una organización a la luz de su misión y sus objetivos. La OECD[100] en 2002, la define como una valoración sistemática de una intervención planeada, en curso o terminada, para determinar su relevancia, eficiencia, efectividad, impacto y sostenibilidad. Noten que ambas definiciones emplean la palabra sistemática, es decir, la evaluación se ajusta o sigue un sistema el cual constituye el conjunto de reglas o principios que se encuentran entrelazados entre sí para contribuir a la consecución de determinado objetivo[101]. La intención de la evaluación es incorporar las lecciones aprendidas a los procesos de toma de decisión y de mejora continua.

La OMS[102] en 2016, la define como una herramienta que da confiabilidad sobre los resultados logrados a través del uso de ciertos recursos y para facilitar el aprendizaje desde la experiencia de formas de cómo se puede llevar a la práctica dicho aprendizaje. Aún más, la evaluación debería ser empleada para influenciar las normas y políticas de la organización, así como, para las decisiones operativas.

---

[99] Organización de las Naciones Unidas para la Educación, la Ciencia y la Cultura.
[100] Source: adapted from OECD/DAC Glossary, 2002.
[101] Diccionario de la Lengua Española, Edición Tricentenario, 2016.
[102] Organización Mundial de la Salud.

*"La función primaria de la Evaluación es la de determinar el valor o
el grado de éxito en la consecución de un objetivo determinado"*
Avedis Donabedian (1919 – 2000)

*"La evaluación importa... el papel de la evaluación es entenderla
como una oportunidad para mejorar el conocimiento y la actuación
de una organización o de un individuo, para mejorar su rendimiento
y confiabilidad y desarrollar la capacidad para entender por qué unas
iniciativas funcionan y otras no. La evaluación es una herramienta que es
esencial para guiar la planeación programática y su implementación..."*
Dr. Margaret Chan (1947 - ...)

Siempre que uno examina o juzga la efectividad y los logros de
"algo" se embarca en una evaluación. Esta se juzga por su utilidad para
generar conocimiento, para mejorar, para detectar las mejores prácticas
y hacer más efectivas las intervenciones y las acciones humanas por
la utilidad que brindan a aquellos que tienen la responsabilidad de
tomar decisiones, de los que hacen políticas y de todos aquellos que se
esfuerzan por mejorar su vida, sus proyectos, sus organizaciones y la
sociedad en donde se encuentran inmersos.

La evaluación tiene diversos enfoques, uno que se encuentra
orientado a medir los resultados, el rendimiento, la productividad, la
eficiencia y la eficacia de un proyecto o una organización dada y otro
que genera información que permite sustentar la transparencia de la
organización, que sirve como vehículo de comunicación social que
abona a la imagen institucional y a la intención de la rendición pública
de cuentas.

También, la evaluación incluye el enfoque de contribuir a la
generación del conocimiento, a la formación y el desarrollo de la
capacidad humana y profesional, al proceso de transformación, a la
generación de conciencia y a generar un empoderamiento que contribuya
a la búsqueda de la equidad y de la democracia activa y participativa.

*"Yo uso el término de evaluación en forma muy amplia, para incluir
cualquier esfuerzo que sirva para incrementar la efectividad humana
a través del uso de acciones basadas en datos sistemáticos"*
Michael Quinn Patton (1945 - ...)

La Evaluación como un Proceso Continuo. La evaluación debe ser establecida en el contexto de un proyecto como un proceso continuo que tiene un origen, un desarrollo y un final, el cual contribuye, también, al desarrollo de la inteligencia apreciativa individual y organizacional considerando que hace tangibles los avances y logros de un proyecto y/o de una organización. La evaluación inicial se encarga de compilar los antecedentes y justificación del proyecto, es decir, definir y justificar la importancia del mismo. Permite, también, detectar las necesidades y demandas que el proyecto pretende prever y satisfacerlas de la mejor forma.

Este tipo de evaluación facilita el establecimiento del marco conceptual del mismo, los objetivos a resolver por medio de la intervención, planteando una propuesta de solución y para establecer la base de datos y la definición de los indicadores de base contra los que el proyecto va a ser evaluado. Durante el desarrollo del proyecto se establece una estrategia que permite, de manera sistemática, dar seguimiento, supervisar y evaluar el o los proceso(s) del proyecto y permite definir el avance, sus logros, sus fortalezas, las mejores prácticas, así como los obstáculos y las dificultades con las que se enfrentan durante la ejecución de un proyecto. Esta evaluación permite mantener, ajustar o modificar la propuesta original del proyecto a través de la puesta en práctica del proceso de mejora continua.

El seguimiento, la supervisión y la evaluación preventiva, deben llevarse a cabo de manera estructurada, considerando, para su ejecución, el plan de trabajo original, los reportes mensuales de avance y financiero del proyecto en curso, el análisis tanto del plan como de los reportes presentados, buscando la congruencia entre lo planeado y lo reportado, el contenido y la utilidad de los reportes y corroborar los avances y el gasto presupuestal. Dichas acciones complementadas con visitas de campo que permitan, mediante entrevistas estructuradas y específicas con el personal del proyecto, profundizar en el análisis de la situación que guarda éste al momento del acto de supervisión o de evaluación, lo que permite arribar a las conclusiones y las recomendaciones que contribuirán a mejorar la eficiencia, la eficacia y la calidad del proyecto.

La evaluación que se lleva a cabo al final del período fiscal[103] de un proyecto permite valorar, desde una perspectiva más amplia en términos de temporalidad (12 meses), la capacidad gerencial que se mostró durante el desarrollo del proyecto, la implementación de los procesos llevados a cabo y cómo fueron ejecutados en términos de eficiencia, eficacia, calidad, resultados, impacto, el descubrimiento de las mejores prácticas, el conocimiento generado, así como las propuestas para planear e incorporar las lecciones aprendidas a la continuidad del proyecto que hagan efectiva la mejora continua del mismo.

Al igual que la supervisión, la evaluación brinda a la organización, a sus proyectos y a su personal, oportunidades para generar un aprendizaje que produzca un conocimiento que permita involucrar, de manera activa, tanto al individuo como al grupo y la organización en procesos de análisis y reflexión continua. Dichas oportunidades brindan, a su vez, la única posibilidad de poder establecer, a tiempo, procesos de toma de decisión y la propuesta de recomendaciones concretas que se orienten a impactar de manera positiva el progreso y la evolución de determinado proyecto u organización.

Si la evaluación se lleva a cabo de manera adecuada y participativa, la información que llega a producir de manera sistemática favorece el descubrimiento de aquello que funciona, de lo que no funciona y los motivos de ambos, contribuyendo, por tanto, a la mejoría de los procesos que se consideran el proyecto y la organización, minimizando, al mismo tiempo, las posibilidades de reincidir en las fallas operativas. También permite el reconocimiento de elementos objetivos y válidos que permitan, con todo el sustento posible, compartir los logros alcanzados y el impacto de estos en el cumplimiento de los objetivos y de la misión institucional.

Una de las medidas para evaluar la efectividad del equipo de trabajo (EET) resulta de medir la calidad, la disponibilidad y el desempeño. Dicha medida proviene de medir el porcentaje de servicios calificados por el(a) beneficiario(a) con calidad (**C**), del total de servicios proporcionados en un tiempo determinado o del total de un número de servicios

---

[103]   Determinado generalmente por la Agencia Donante.

seleccionados como la muestra específica para realizar esta medición; la disponibilidad (**D**) del servicio en un momento determinado, medido a través de la metodología del estudio de flujo de atención, que se presenta como el tiempo que le llevó al(a) beneficiario(a) desde que ingresó a la unidad hasta que terminó la prestación del servicio en donde el resultado se compara contra el estándar de tiempo de atención de la organización; finalmente, el porcentaje del uso de la capacidad instalada (**UCI**) del prestador de servicio o de las personas que participan en el proceso de atención con base en los estándares de productividad de la organización, los cuales establecen la capacidad de atención de personas dentro de un período determinado de tiempo.

EFECTIVIDAD DEL EQUIPO DE TRABAJO (EET):

Calidad (C) + Disponibilidad (D) +Uso de
la Capacidad Instalada (UCI)

EET = C (100%) + D (100%) + UCI (100%) = 300% entre 3 = 100%

CAPÍTULO DIEZ Y SEIS

CONCLUSIONES

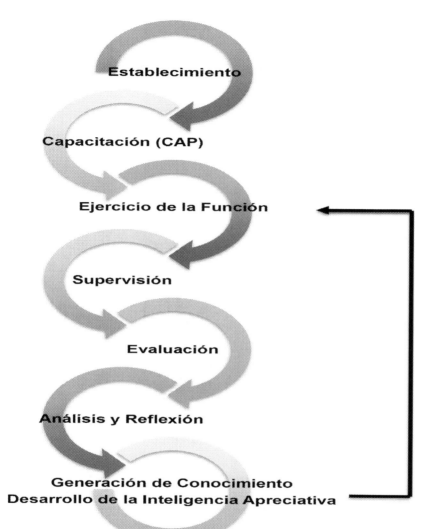

LA GRÁFICA DE LA página anterior muestra, una vez más, el proceso del ejercicio de la función, el cual, a través del análisis y la reflexión del trabajo llevado a cabo con un propósito específico, culmina con la generación del conocimiento que permita el establecimiento de la mejora continua de la función y como consecuencia del proceso mismo.

Conclusiones. El proceso que se inicia desde la definición de la misión de la organización (o del proyecto) y sus objetivos hasta llegar al ejercicio de la función para que, a partir del análisis y la reflexión de los avances y los logros alcanzados por el proyecto, se genere el conocimiento que impacte positivamente en la mejora misma del proceso. Reiterando, el objetivo central de la mejora continua es que cada nuevo ciclo sea mejor que el anterior, mejora que es resultado de la aplicación del conocimiento, de la creatividad y de la experiencia acumulada.

Este hecho hace que la ejecución de cada nuevo ciclo, al mismo tiempo que su implementación, sea más accesible y menos compleja para aquellos(as) que llevaron a cabo el ciclo previo; será, con el tiempo, más demandante e intelectualmente más estimulante, ya que en la medida en que el nuevo ciclo se vaya mejorando, el descubrimiento de elementos que abonen a la mejora de estos para que sean más eficientes y más efectivos, será cada vez más difícil.

El gran reto intelectual y creativo que impone esta circunstancia en lo particular permite terminar, de manera tajante, con la fastidiosa rutina del hacer por el hacer, de manera prácticamente "automática e incluso autómata", del trabajo realizado sin reparar en el quehacer, hechos que hacen que los proyectos pierdan, con el tiempo, su sentido y su razón de ser.

Es fundamental, también, tener la capacidad para reconocer que lo que se propone es un proyecto de crecimiento personal y grupal que demanda y favorece el trabajo en equipo y la suma de esfuerzos y de recursos. Este es un proceso activo, esencialmente participativo, en donde la rutina da paso a la emergencia del compañerismo, la solidaridad, la manifestación de actitudes proactivas y propositivas que son generadas a partir del pensamiento grupal, hecho que facilita el sentido de apropiación del proceso, del proyecto y de la organización, así como a la creación de una fuente permanente de motivación avalada por los resultados, los logros y el impacto del proyecto.

El sentimiento grupal emergente permite adquirir la conciencia necesaria para apreciar el fruto del trabajo individual, grupal y organizacional. Esta conciencia y este reconocimiento permite asumir el hecho de que lo que estamos llevando a cabo contribuye al cumplimiento de los objetivos y de la misión institucional, abriendo, como por arte de magia, las puertas a una nueva dimensión del ser que se caracteriza por la apertura, la disposición, la disciplina, la humildad, el compromiso, la solidaridad, la entrega, la eficiencia y la efectividad.

Una nueva dimensión que nos deja adoptar una pasión creadora y transformadora que permite la manifestación, en todas y cada una de las acciones que llevamos a cabo a favor de los demás, del amor por uno(a) mismo(a) y el amor por los(as) demás.

"Debemos amar nuestra misión con pasión. No puede ser más hermosa. El mundo no será mejor hasta que todos los hombres y las mujeres tengamos alma de artistas; cuando todos amemos con pasión lo que hacemos. Imagínense el progreso que habría si la verdad prevaleciera entre los hombres. La sociedad estaría libre de errores y de pronto, nuestra tierra se convertiría en un paraíso"
Auguste Rodin (1840 – 1917)

Printed in the United States
By Bookmasters